Heinz-Jürgen Bader

Nicht immer gut gefahren – aber immer gut gelaufen

Geschichten und Geschichte
rund um meine Fahrzeuge

Eine „Auto"-Biographie

Für meine Kinder und Enkelkinder

Inhaltsverzeichnis

Opa Karl

Ein Mann kauft in seinem Leben 10,3 Autos, zeugt 1,4 Kinder und baut 0,6 Häuser - so soll es jedenfalls nach der Statistik sein.

Als ich über diese Zahlen nachdachte und sie so aus meiner Sicht prüfte, musste ich mir eingestehen, dass ich nur in einem Punkt Durchschnitt bin. Ich habe kein Haus gebaut, nicht mal die hier angeführte Rohbauvariante. Null Komma sechs Häuser! Was will man auch mit einem Haus, das nur bis zum Richtfest erbaut wird? Bei den Kindern habe ich „Werte" knapp über die Norm geschafft. Worüber ich nachdenken muss, ist die Autozahl. Vor einiger Zeit habe ich ein Buch gelesen mit dem Titel „Mein erstes Auto". Das hat mich eigentlich zu dem Entschluss gebracht, mich nicht nur an mein erstes Auto zu erinnern, sondern über alle meine Fahrzeuge nachzudenken, die ich in meinem Leben schon gefahren bin, „getreten" oder gar geschoben habe. Eventuell komme ich so auch *meiner* Statistik „auf den Grund".

So fing alles an

Geboren wurde ich im Jahre 1947 in einer Kleinstadt im Thüringer Wald. Der Krieg war erst zwei Jahre vorüber und es herrschte Mangel in jeder Beziehung. Nicht nur das Essen war knapp, es gab auch kein richtiges Spielzeug. Später, als ich so 5 bis 6 Jahre alt wurde und mit meinen um drei Jahre älteren Freunden - es ergab sich so, weil wir gemeinsam in einer Straße wohnten – in den nahe gelegenen Wald zog, um die von einem ehemaligen Munitionslager noch reichlich vorhandenen Patronen und kleineren Granaten zu suchen, sagte sich mein Vater: das ist zu gefährlich, der Junge braucht einen Roller als vernünftiges Spielgerät. Woher aber nehmen? Auch diese Fahrzeuge waren knapp. Da in unserer Nachbarschaft eine Tischlerei ansässig war, in unserem Hause selbst eine Schlosserei ihr Geschäft betrieb, war es verhältnismäßig einfach, die Rohmaterialien zu beschaffen. Nach einer gründlich angefertigten „Konstruktionszeichnung" ging es frisch ans Werk. Nun war mein Vater aber von Beruf Friseur, malte in seiner Freizeit Aquarelle und so sah eben auch besagte Zeichnung aus. Mit Hilfe meines Großvaters, eines technisch begabten Postbeamten, sollte das Werk – sprich: der Roller – schließlich doch gelingen. Ich hatte mein erstes Fahrzeug! Zwar nur zum Treten, aber immerhin.

Nun fällt man als Kind mit einem Roller gewöhnlich kaum auf. Ich und mein Roller waren aber nach kurzer Zeit „stadtbekannt".

Das kam so: Mir war der farblose, aus rohem Holz gefertigte Roller eigentlich nicht attraktiv genug. Dem war schnell abgeholfen. Ein meinen Eltern befreundetes Ehepaar betrieb in unserem Ort ein Malergeschäft. Der Meister war für mich Onkel Risch. Er starb später nach einem Sturz vom Gerüst, weil er trotz widrigen Wetters ein öffentliches Gebäude von außen tünchen sollte und das war nämlich „sehr eilig", denn es musste bis zum 7. Oktober – dem Tag der Republik - fertig werden. So jedenfalls sagten es Partei- und Staatsführung!

Zurück zum Roller. „Onkel Risch, mein neuer Roller ist nicht farbig und es wäre schön, wenn du ihn streichen könntest." „Ich habe jetzt keine Zeit", war die Antwort. „Aber wie wäre es, wenn du das selber übernehmen würdest?" Das war das Tollste. Schnell bekam ich einen viel zu großen Malerkittel an. „Wie soll er denn werden?" „Na rot oder blau oder grün oder ..." „Am besten, ich stelle dir mal ein paar Farben hin." Und schon hatte ich alle in der Werkstatt vorhandenen Büchsen mit Farbresten vor meinem Roller stehen. „Ich gebe dir einen Pinsel und dann mach, wie du willst!" Ich begann mit Blau. Sah ganz gut aus, aber ein wenig eintönig. Das Trittbrett könnte man doch rot streichen. Nun habe ich mit meinen sechs Jahren ja noch nicht gewusst, dass das Blau erst trocknen musste, bevor man eine andere Farbe darüber streichen konnte. Wie schon gesagt: der Meister war nicht da, denn er hatte keine Zeit. Mist! Der Roller ist versaut. Vater und Großvater hatten sich doch so viel Mühe gegeben. Was nun? Nach kurzem Überlegen entschloss ich mich, aus der Not eine Tugend zu machen: Der Roller soll „gemischt" werden. Alle Farben her und überall einen anderen Farbklecks. Schön war er dort, wo die Farben ineinander verliefen. Da entstanden ganz neue Farbtöne. Fertig war das Werk und der Meister lobte mich sogar, als er dann wiederkam. Nach einer Trockenzeit konnte ich am nächsten Tag mein neu lackiertes Fahrzeug abholen. Auch meine Eltern lobten mich – sicherlich schweren Herzens.

Es war aber gut, dass mein Fahrzeug in der Öffentlichkeit so unverkennbar war, wie sich später herausstellte.

Ich wurde ein Meister meines Rollers. Meine Freunde, wie schon erwähnt, 3-4 Jahre älter als ich, fuhren zu dieser Zeit schon auf den Fahrrädern ihrer Eltern.

Selbst wenn sie nicht auf den Sattel kamen, konnte der geübte Radfahrer doch auch im Stehen fahren. Man kann sich gar nicht vorstellen, welche Fahrstile dort kreiert wurden. Manche brachten es fertig, bei einem Herrenrad das Bein unter der Querstange hindurch zum Pedal zu „schwingen". Sie fuhren praktisch in Schräglage und das mit „Schmackes". Ich konnte jedoch mit meinem Roller dagegenhalten. Ich ließ mich noch nicht einmal davon abbringen, als sie beschlossen, in die 9 km entfernte Nachbarstadt zu radeln. Der Kurs ging bergauf und bergab. *Ich* war mir meinem Roller dabei! Bergauf hatte ich sogar leichte Vorteile, mit denen ich meine langsameren Bergabfahrten locker ausgleichen konnte.

Fazit: Ich war nicht später zuhause als meine Freunde auch. Nun sollte ich aber meiner Mutter erklären, woher ich so spät käme. Sie hätte mich schon überall gesucht. Stolz auf meine „Leistung" sagte ich die Wahrheit und bekam prompt Ärger. So unverschämt kann man doch gar nicht lügen, meinte meine Mutter. „Das ist mit einem Roller doch gar nicht möglich!"
Glücklicherweise konnte ich Zeugen in den Nachbarorten, die wir passiert hatten, benennen, denen der„kleine Junge" mit seinem bunten Roller aufgefallen war. Mein allererstes Fahrzeug war eben *unübersehbar*.

Weiter ging es

Mein zweites Fahrzeug war ein 20iger Kinderrad, das ich zu meinem 7. Geburtstag erhielt. Es hatte einen Damenrahmen und löste deshalb bei mir nicht die helle Begeisterung aus. Aber was will man machen? Es

10

fuhr! Wir machten auch mit meinen Eltern herrliche Radtouren in die nähere Umgebung, den Thüringer Wald. Doch bevor es soweit war, hatten die Götter vor den Preis den Schweiß gesetzt. Ich musste Rad fahren lernen. Das geschah, indem mein Opa stundenlang neben dem Rad gerannt ist, die rechte Hand am Sattel, um mich zu halten. Dies spielte sich unter den Augen der neugierigen Nachbarschaft ab, die den „alten Mann" hinreichend anfeuerten: „Lauf, Karl!" oder „Schneller, schneller!" Als es dem Manne dann wahrscheinlich zu viel wurde, ließ er mich los. Ich merkte erst am Ende der Straße, dass ich allein gefahren war. Jetzt kam das Schwierigste. Ich musste mich entscheiden – Kurve oder Abspringen. Ich entschied mich für letzteres und entging so einem Sturz. „Hurra! – ich fahre." Später lernte ich allerdings auch, die Kurven zu fahren.

Heute weiß ich natürlich, dass sich meine Eltern dieses, für die damalige Zeit große Geschenk, vom „Munde abgespart" haben. Und es tut mir im Nachhinein noch leid, nicht mehr Freude darüber empfunden zu haben – es war eben ein Mädchenrad.

Das war auch die Zeit, als ich einen Trenchcoat bekam. Todchic sollte der Junge werden. Und so modern sollten die Mäntel sein. Der letzte „Schrei" aus dem Westen. Ich hatte ihn nur einmal an! Die anderen haben gesagt: „Angeber! Willst wohl wie „14" aussehen?"

Diese kleine Episode hat zwar nichts mit meinen Fahrzeugen zu tun, soll aber zeigen, wie die Welt eines Heranwachsenden aussah.

Mein erster und letzter Auftritt im Trenchcoat.

Mit meiner Mutter und dem 20iger Rad auf Tour.

Pfingsten 1956 mit meinem neuen 26iger Fahrrad im „Schobsetal"

Ist das Rad zu groß?

Später, zum 9. Geburtstag, bekam ich ein 26iger Fahrrad. Das war von der Firma MIFA (Mitteldeutsche Fahrradwerke Sangerhausen). Es war einfach nur schwarz. Und zwar deshalb, weil mein Vater die unumstößliche Meinung vertrat: „Wenn du einen Lackschaden an einem farbigen Fahrrad hast, triffst du den Farbton nie – schwarz ist schwarz". Sehr praktisch und ich habe mich später auch daran erinnert, aber das ist schon wieder eine andere Geschichte. Meinen Geschmack traf das „Schwarze" aber nicht so 100%ig. Ansonsten war es ein sehr solides Rad. Ohne Gangschaltung, kein Freilauf, sehr sicher mit Rücktritt und Handbremse. Im Gegensatz zu den farbenfrohen Sporträdern meiner Freunde, die natürlich mit Leichtmetallfelgen, Schaltung und anderen Raffinessen ausgestattet waren, fehlte eine wichtige Kleinigkeit: der Vorbaulenker. Der war Pflicht! Doch dazu später.

Von nun an begleitete mich mein Rad bei allen Unternehmungen. Eines schönen Tages im Herbst wollten wir wieder einmal unsere „Höhle" aufsuchen. Sie lag im schönen Schobsetal. Wo sich das Flüsschen Schobse unaufhaltsam seinen Weg zum Meer bahnt war, zumindest nach meiner festen Überzeugung, der schönste Spielort der Welt. Nach kurzer Fahrt erreichten wir die Stelle, an der das Fahren nicht mehr möglich ist. Am Fuße eines Steinbruches versteckten wir unsere Räder im Unterholz. Nun folgte der beschwerliche Aufstieg im Fels des Steinbruches. Am oberen Rand befand sich ein riesiger Felsbrocken, der an einer Stelle hohl lag und dadurch eine wunderbare Höhle bildete. Hier waren wir geschützt nach allen Seiten und hatten einen herrlichen Ausblick auf den

14

Gegenhang des weiten Tales. Genau gegenüber befand sich eine Streuobstwiese mit prächtigen Apfelbäumen (Besitzer unbekannt). Uns trennte nur eine Straße und das Flüsschen Schobse von den leckersten Äpfeln der Welt. So wurde beschlossen, wir brauchen Verpflegung. Schnell war der Abstieg geschafft. Über den Fluss spannte sich an dieser Stelle eine Wehrbrücke, deren oberer Abschluss von zwei Bohlen mit zehn Zentimeter Breite und einem Zwischenraum von ca. 2cm bestand. Das Problem lag eigentlich nur darin, dass der 22cm breite Laufsteg aufgrund der ständigen Feuchtigkeit bemoost und teuflisch glatt war. Kreuzgefährlich, wenn man bedachte, dass diese Konstruktion den sonst harmlosen Bach zu einem ungefähr zwei Meter tiefen Kessel staute. Aber war das wirklich ein Problem? Nach wenigen Minuten erreichten wir die Apfelbäume. Die Ernte ging schnell und war überdies recht reichlich ausgefallen. Reichlicher als das, was wir mit unseren Händen hätten wegtragen können. Ich hatte meine Trainingshose an. Nun muss man wissen, Trainingshosen hatten damals einen anderen Schnitt. Die weiten, pluderigen Hosenbeine schrieen förmlich „stopf mich voll". Unter dem Beifall der älteren Freunde folgte ich dem Ruf meiner Hose und war selbst verwundert, wie viele Äpfel in zwei Hosenbeine passen. Beim Gehen waren sie zwar etwas hinderlich, aber was war das gegen die Aussicht, reichlich Obst zu haben. Auf dem Rückweg kam die Brücke. Hast du nicht gesehen, rutschte ich aus und flog mit meiner Last geradewegs ins tiefe Wasser. Obwohl ich schwimmen konnte, zog mich das Gewicht der „Beute" ohne Gnade in die Tiefe. Nicht schlecht schrie ich, als mich ein Freund am linken Ohr erwischte und mich an diesem wieder auf den Balken zog. Die Verpflegung war gerettet! Gefroren habe ich allerdings, als ich nackend in der Höhle saß und meine Kleidung an einem Mast flatternd trocknete. Die Äpfel aber waren gut. Meine Eltern haben zum Glück nichts gemerkt, als ich noch etwas feucht mit meinem Rad zu hause ankam.

Ein weiterer Höhepunkt in meinem bewegten Radfahrerleben ist folgende Episode.

An allen Litfasssäulen des Ortes war es angeschlagen: Großes Radkriterium in Ilmenau unter Beteiligung aller deutschen Friedensfahrtteilnehmer. Alles was zur damaligen Zeit Rang und Namen hatte, war angekündigt: „Täve" Schur, Braune, Henning, Hagen, Stolper, Lothar Meister II, und, und, und ... Man muss wissen, dass die Friedensfahrt zur damaligen Zeit einen anderen Stellenwert hatte als heute. Kein Kind verpasste die Übertragung einer Etappe im Radio. Die Protagonisten waren unsere echten Vorbilder. Was lag also näher, als sich aufs Rad zu schwingen und zum Rundkurs nach Ilmenau zu fahren. Das Rennen versprach Spannung. Die Streckenführung war zum einen bergig und zum anderen waren die Straßen eng und mit einem glatten Kopfsteinpflaster versehen. Nur im Zielbereich, der an der damaligen Knabenschule lag, war die Straße breit und asphaltiert. Also da musste ich hin. Mein Rad schloss ich in einer Seitenstraße an und folgte der Marschmusik, die aus den Lautsprechern am Ziel zu hören war. Plötzlich hielt ein Fahrer in meiner Nähe an, beugte sich über sein Rad und schraubte an seiner Schaltung herum. Ich dachte mir, vielleicht ist dein guter Rat gefragt, stellte mich neben ihn und gab reichlich Hinweise, wie man es doch richten sollte. Es kam kein Widerspruch. Im Gegenteil – er sagte immer „ja" und ich lief zur Höchstform auf. Zum Schluss

16

dachte ich mir: dem kannst du ja noch ein paar Hinweise zum Kurs geben. Und schon hörte man mich schwätzen, wo es sinnvoll wäre zu attackieren, welche Taktik man auf diesem Kurs überhaupt wählen sollte und einige Weisheiten mehr. Der Fahrer bedankte sich artig und mit einem breiten Grinsen schwang er sich auf sein Rad. Ich konnte gerade noch die Startnummer auf dem Trikot erkennen, als er in eiliger Fahrt davonbrauste. Nun wurde es auch für mich Zeit, an die Strecke zu kommen. An der Kasse bekam ich auch ein Programm mit den Startnummern aller Fahrer. Während das Rennen lief, fiel mir ein, doch einmal nachzuschauen, wer mein „Schützling" eigentlich war, dem ich so wertvolle Tipps gegeben hatte. Ich traute meinen Augen kaum als ich las: Wolfgang Braune. Er hat das Rennen nicht gewonnen. Offenbar beachtete die „Radsportlegende" meine wertvollen Hinweise doch nicht.

Ein weiteres Erlebnis mit meinem Rad muss ich eindeutig auf einen Umbau zurückführen. Beim Rennen hatte ich es gesehen: man braucht eine aerodynamischere Sitzposition. Ein Vorbau musste jetzt her. Glücklichen Umständen zu folge sollte sich mein Wunsch schnell erfüllen. Mariechen, eine Hebamme, im Erdgeschoss unseres Hauses wohnend, kaufte sich ein neues Rad. Den einzigen Mangel, den es hatte: es hatte einen Vorbaulenker. Schnell konnte ich das Rad von diesem Manko befreien und Mariechen hatte ein Top-Fahrzeug.

Nach der Montage des Austauschlenkers saß ich wie „Täve" beim Endspurt um die Weltmeisterschaft auf meinem Gefährt. Der Lenker war nicht etwa zu lang. Meine Arme vielleicht ein wenig zu kurz. Das stellte sich aber erst später so richtig heraus.

Wir fuhren wieder gemeinsam in unser schönes (dem Leser nicht unbekanntes) Schobsetal. Es war ein herrlicher Tag. Froh gelaunt, beschlossen wir die Heimfahrt doch als kleines Rennen zu gestalten. Der Kurs etwa vier Kilometer lang, gerade, ohne extreme Kurven und leicht fallend. Das Ziel sollte am Rande der Stadt, bei den ersten Häusern sein. Kein Problem - auch eingedenk der Tatsache, dass meine Freunde 28iger Räder mit Gangschaltung hatten und obendrein um beträchtliches älter waren als ich. *Ich* hatte die schnelleren Beine!

Los ging es! Mit einem gewaltigen Antritt konnte ich mich sofort an die Spitze des Feldes setzen. Treten, Treten, Treten! Nur ein Fahrer konnte mir folgen. Wir schlugen alle ab. Ein Kilometer vor dem Ziel setzte mein Kontrahent alles auf eine Karte. Ich hörte das klickende Geräusch seiner Schaltung. Trotz massiver Gegenwehr konnte ich ihn nicht „halten". Zum Teufel mit der Schaltung! Zum Teufel mit den 28iger Rädern! Aber wo waren die anderen? Einhundert Meter vor dem Ziel – auch um evtl. Angriffe abzuwehren – drehte ich mich kurz nach hinten um. Das war mein Verhängnis. Die doch zu kurzen Arme verzogen den Lenker bei meinem Blick nach hinten. Das Vorderrad beschrieb zu Anfang leichte und großräumige Schlingerbewegungen, die sich in der Folge zu einem immer schneller werdenden Schlagen des Lenkers aufbauten. Ich beherrschte mein Rad bei dieser Endgeschwindigkeit nicht mehr.

Kurz vor dem Ziel drehte sich der Lenker einfach um. Das Vorderrad stand. Das Hinterrad schickte sich an das Vorderrad zu überholen und ich flog in hohem Bogen per Salto über den schönen Vorbaulenker. Die erste Drehung des Saltos endete mit dem Kopf auf dem

Reifen des Vorderrades. Die Landung nach der zweiten Drehung erfolgte auf dem harten Kopfsteinpflaster der Schleusingerstraße. Mir war es in diesem Moment gleichgültig, dass ich durchs Ziel geflogen war und somit tatsächlich gegen starke Konkurrenz mit besserem Material den zweiten Platz belegt hatte. Als ich so auf der Erde lag und auf die Leute wartete, die ihre Fensterplätze verlassen hatten, um mit ihrer Sanitätsausrüstung erste Hilfe zu leisten, dachte ich nur: Scheiß Vorbaulenker!

Dieser Sturz hatte mir einen solchen Schock versetzt, viel nachhaltiger als die schlimmen äußeren Verletzungen, dass ich viele Jahre auf kein Fahrrad mehr gestiegen bin.

Konfirmation oder Jugendweihe – in beiden Fällen ein Moped

Wie die Überschrift zum Kapitel schon ahnen lässt, geht diesem Fahrzeug eine Geschichte voraus.

In der Tradition unserer Familie wurde ich getauft und im christlichen Glauben erzogen. Das hieß in Praxis: der Junge besucht regelmäßig die Christenlehre und ab der Klasse 7 die Konfirmandenstunde. Wert gelegt wurde hierbei auf das Wörtchen regelmäßig. Ich muss sagen, dass mich das alles sehr wohl interessiert hat. Leider war der damalige Pfarrer recht alt und zutiefst konservativ eingestellt, so dass er nicht in der Lage war, ehrliche Fragen zu beantworten – und ehrliche Fragen ergaben sich für mich aus dem Widerspruch dessen, was ich in der Schule lernte und dem, was ich in der Konfirmandenstunde hörte. Nicht um zu provozieren, sondern um die „Wahrheit" herauszufinden, fragte ich des Öfteren nach. Ergebnis: keine Antwort, aber der Rausschmiss aus dem kirchlichen Unterricht. Und das kurz vor der Konfirmation. Der Leser wird sich nun fragen, was hat das mit seinem Fahrzeug zu tun? Ganz einfach. Ich hatte geplant, und es war auch so Sitte bei all meinen Klassenkameraden, dass man sich zur Konfirmation Geld wünschte, um es dann in einem Moped „anzulegen". Dieser Plan wäre durch die aktuelle Entwicklung fast ins Wanken geraten. Meine Großeltern väterlicherseits drohten mir damit, dass, falls ich nicht konfirmiert würde, sie mir ihr finanzielles Wohlwollen entzögen, zumal auch der Pfarrer Versuche unternahm, mich wieder in die „Herde seiner Schäflein" aufzunehmen. Die vor der Konfirmation notwendige Prüfung vor der Kirchgemeinde war zwar schon gelaufen, aber er erklärte sich bereit, eine öffentliche Nachprüfung für mich allein zu organisieren. Das war nun der Demütigung zu viel und brachte auch bei den verstimmten Großeltern das Fass zum Überlaufen. Der Familienrat lehnte dankend das klerikale Angebot ab. Frei war der Weg zur Jugendweihe 1961. Frei war der Weg zu meinem Moped, was ich mir im Oktober 61 kaufte. Das war leichter gesagt als getan. Das Geld war vorhanden. Ich hatte mich aber für einen Mopedroller „KR 50" von Simson Suhl entschieden. Die anderen Typen „SR2" und sein Vorgänger „SR1" sahen mir mit ihren Pedalen mehr nach Fahrrad aus und das hatte ich ja nun schon hinter mir. Nein – es sollte ein Roller sein.

So sah er aus – mein Mopedroller KR 50.
50 cm³ - 1,4 PS – 2Gang Griffschaltung.
Farbe Blau!

Leider Mangelware. Mehrmaliges Nachfragen hatte nicht zum Erfolg geführt. „Nein wir haben keine Ware bekommen." In Wirklichkeit wurden die Fahrzeuge sehr lukrativ für den Verkäufer „verschoben". Was tun? Wir entwickelten einen Plan. Man müsste die entsprechenden Geschäfte Tag und Nacht beobachten. Nichts leichter als das, denn meine Großeltern wohnten im hinteren Teil des Konsums, der mit diesen Fahrzeugen handelte. Freie Sicht auf eine Scheune, die die „geheime" Ware aufbewahrte. Eines Tages war es dann so weit. Nach gründlicher Observierung des Objektes stellte mein Opa „Feindberührung" fest. Ein LKW fuhr vor, und siehe da, zwei Mopeds und ein Roller wurden unter Ausschluss der Öffentlichkeit heimlich in die Scheune geschoben. Jetzt war Eile geboten. Raus aus den Puschen, Mantel an und flugs zum Konsum. „Ich möchte ein KR 50 kaufen" sagte mein Opa zum „Gurkenkarl", der eigentlich Harald hieß, den Namen aber von seinem Vater hatte, der in selbigem Geschäft Jahre zuvor noch Gurken verkaufte und Karl hieß. „ Das tut mir aber leid. Es sind keine geliefert worden. Aber fragt nur immer mal wieder nach." Nun muss man erklären, dass der „Gurkenkarl" der Hauswirt meines Großvaters war. Daher kam auch die günstige Beobachtungsposition. Hauswirt hin, Hauswirt her – jetzt gab es keinen Pardon. Was sich in diesem Laden nun abspielte, möchte ich lieber nicht beschreiben. Ich war inzwischen informiert und traf noch vor dem „Donnerwetter" ein. Ergebnis: wir fuhren noch am gleichen Tage den Roller aus der Scheune. Es war der 2. Oktober 1961.

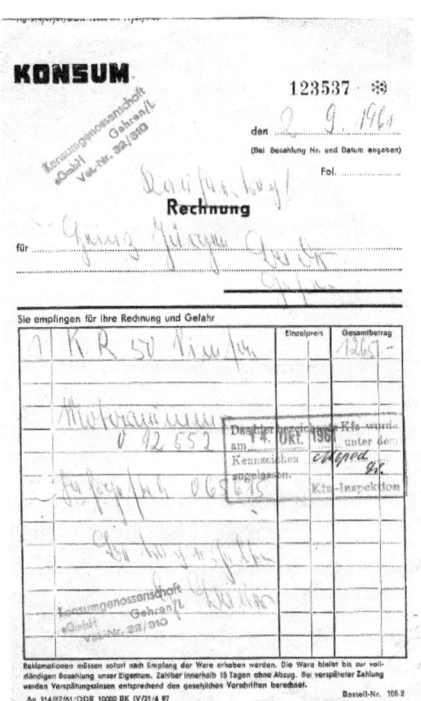

Der Kaufvertrag meines ersten Motorfahrzeuges

Die Zulassung erfolgte am 14. Oktober. Der geneigte
Leser wird jetzt rechnen. 1947 ist er geboren. Und hier
kann ich es verraten, am 8.Mai. Da war der Junge doch
erst 14 1/2 Jahre alt und Mopeds durfte man in der
DDR erst mit 15 Jahren fahren. Natürlich – richtig
gerechnet! Ich durfte also noch nicht. Das war aber
kein Problem. In dem großen Hof an unserem Hause
wurde schnell ein Kurs markiert, mit engen Kurven.
Auch ein schmales Brett fügte ich in den Parcours ein.
Die Trainingsstrecke war fertig. Ich wollte doch auch

ein Meister meines Mopeds werden. Solange kein Schnee lag, wurde also täglich fleißig geübt.

Im Mai 1962 bestand ich kurz nach meinem 15. Geburtstag die Mopedprüfung. Es war damals noch eine richtige theoretische Prüfung. Man musste die §§ 1 und 13 der StVO genau kennen und auch noch 4 Vorfahrtsituationen am Verkehrstisch mit Erläuterung lösen. Ich schaffte es im ersten Anlauf, während viele Anwärter einen weiteren Versuch brauchten. Die mussten nun aber eine Schulung bei der Volkspolizei nachweisen. Glücklich fuhr ich nach hause und machte gleich an diesem Tage noch meine erste Tour. Es ging den Rennsteig entlang und ich war durch und durch glücklich.

Wunderschöne Fahrten, nun mit meinen Klassenkameraden, schlossen sich an. Es war eine herrliche Zeit.

Just in diesem Lebensabschnitt lernte ich ein Mädchen aus Schmalkalden kennen. Schmalkalden, eine Kreisstadt, von uns durch den Kamm des Rennsteiges getrennt, war per Eisenbahn nicht leicht zu erreichen. Dreimal musste man umsteigen, um an sein Ziel zu kommen und die Anschlusszeiten waren mehr als bescheiden. Über sechs Stunden waren nötig, um die eigentlich per Straße kurze Entfernung von etwa 55-60 Kilometer zu bewältigen. Also war es mehr als begründet, diesen Weg per Moped zurück zu legen. Wie schon gesagt, es ging quer über den Rennsteig. Sehr bergig, auf der einen Seite bergauf auf der anderen fast serpentinenartig bergab.

Eines schönen Tages, im Juli 1963, das Wetter war laut Wetterbericht beständig, beschloss ich Bärbel, so hieß meine Freundin, zu besuchen. Der Weg führte mich über Neustadt am Rennsteig, Frauenwald, die Schmücke, nach Oberhof. An der heutigen Bob- und

24

Rodelbahn vorbei zum Grenzadler. Just an dieser Stelle, wo nunmehr ein modernes Biathlonstadion entstanden ist und Athleten aus aller Welt Weltmeisterschaften und Weltcups bestreiten, war plötzlich Ende meiner Fahrt. Ich hatte offenbar in Oberhof den Hinweis auf die Straßensperrung übersehen. Vor mir prangte ein Verkehrszeichen „gesperrt für Fahrzeuge aller Art". Ratlos schaute ich mich um, aber was half es. Die Durchfahrt blieb wegen Bauarbeiten an der Sprungschanze im Kanzlersgrund gesperrt. Wie sollte ich nun hinunter kommen nach Steinbach – Hallenberg, dem Wohnort des bekanntesten Skispringers der damaligen Zeit, Helmut Recknagel? Zurückfahren war unmöglich. Der Umweg hätte mich zu viel Zeit gekostet. „Und immer, wenn du denkst es geht nicht mehr, kommt von irgend wo ein Lichtlein her" – wie der Volksmund zu berichten weiß. Mein Lichtlein kam in Form eines Mannes, der mich so ratlos am Sperrschild stehen sah. „Wo soll´s denn hingehen?", fragte er freundlich. „Nach Steinbach-Hallenberg und dann weiter bis Schmalkalden", entgegnete ich. "Na mit dem Moped kannst du doch quer durch den Wald fahren. Kommst dann in Unterschönau wieder raus. Es ist zwar ein beschwerlicher Waldweg, aber ganz gut durch Wanderzeichen ausgeschildert." Da er einen freundlichen Eindruck machte und ich auch keine bessere Lösung wusste, beschloss ich diesen abenteuerlichen Vorschlag anzunehmen. Wie sich bald herausstellen sollte: mehr als abenteuerlich – fast halsbrecherisch war das Unternehmen. Schon nach wenigen hundert Metern gab es keine Markierungen mehr. Aber jede Menge Gabelungen und Kreuzungen der Waldwege. Manchmal führten sie geradewegs in das Nichts. Dann ging es weiter direkt durch den Hochwald. Also immer der „Nase" nach. Oftmals fuhr ich zurück, weil hier plötzlich wieder eine Markierung auftauchte, die zu einem Ort führte, den ich gar nicht besuchen wollte und der noch nicht mal an meiner Strecke lag.

Einmal traf ich einen Wanderer, der mich verblüfft anschaute und sich bestimmt fragte, was der Mopedfahrer hier im tiefen Walde wolle. Ich sprach ihn an, fragte nach dem Weg und habe damit seine Frage hinreichend beantwortet. Um der Wahrheit die Ehre zu geben, er beantwortete meine Fragen auch. „Siehst du dort unten im Tal den breiten Weg?"

Es waren ungefähr 200m dahin, aber steil bergab durch den lichten Hochwald. „Ich sehe ihn deutlich", war meine Antwort. „Und wie komme ich dahin?" „Ganz einfach: hier einige Kilometer immer gerade aus bis zum Grenzadler", war die seine. Toll, da kam ich gerade her. Jetzt war das Durcheinander perfekt. Ich war in diesem verdammten Wald immer nur im Kreis gefahren. Aber ich sah ja zumindest schon den richtigen Weg. Noch einmal Grenzadler oder direkt steil bergab durch den Hochwald? Dann lieber steil bergab durch den Hochwald! An Fahren war nun nicht mehr zu denken. Ich rutschte mehr auf dem Hosenboden als ich ging. Fest an das Fahrzeug geklammert. Immer zwischen den Bäumen hindurch den Berg hinab. Endlich auf dem gut befestigten Weg angekommen, war ich auch schon bald am Ziel meiner Wünsche. Leider merkte ich beim Fahren, dass - wahrscheinlich letztendlich durch meine „Querfeldeinfahrerei" ausgelöst - die Kupplung meines Zweirades leicht zu rutschen begann. Bergauffahrten deuteten es an. Weiter, immer weiter – wird schon gut gehen, sagte ich mir. Und ich kam auch tatsächlich bei meiner Freundin an. Wir haben viel unternommen, waren im Kino. Es waren zwei schöne Tage. Als ich die Heimreise antrat, natürlich jetzt mit anderer Streckenführung, dachte ich nicht mehr an die defekte Kupplung. Es ging auch anfänglich alles gut, bis - ja - bis die Berge wieder anfingen. Und das war hinter der Bezirksstadt Suhl. Die ist ja bekanntlich auch auf mehrere Hügel gebaut und der „größte Hügel" ist die Auffahrt zum Rennsteig, den ich jetzt wieder von Nord nach Süd überqueren wollte. Es blieb auch beim Wollen. Denn nach einigen Metern Steigung heulte zwar mein kleiner Motor laut auf, wenn ich das notwendige Vollgas gab. Leider drehte sich kein Rad mehr. Die Kupplung rutschte durch. Das Moped stand!

Es wurde schon langsam dunkel. Guter Rat war teuer! Nach reiflichem Nachdenken entschloss ich mich, mit dem Fahrzeug den Berg nach Suhl zurück zu rollen. Da alle Werkstätten bereits geschlossen waren, war es einer Überlegung wert, mit dem Zug nach hause zu kommen. Das Zweirad konnte man ja als Expressgut aufgeben. Mir war zwar klar, dass das ein Nächte füllendes Programm würde, da ich ja nun, wie schon erwähnt, auf die sehr langwierige Eisenbahnverbindung angewiesen war. Aber besser als nichts.

Also, schiebender Weise auf zum Bahnhof. Dort nahm ich zur Kenntnis, dass der nächste Zug nach Plaue, wo ich das erste mal umsteigen musste, erst gegen fünf Uhr morgens fuhr. Eine Frage bei der Auskunft ergab, dass durch das nochmalige Umsteigen in Ilmenau nicht damit zu rechnen war, vor 9.30 Uhr zu Hause zu sein. Ein kalter Schreck durchfuhr mich. Ich sollte schleunigst meine Eltern informieren, denn meine Mutter machte sich jedes mal, wenn ich mit dem Fahrzeug unterwegs war, große Sorgen. Ja, denkste! Alle Telefonzellen, die ich fand, waren beschädigt. Bei einer war der Hörer abgerissen. Die nächste nahm kein Geld an. Ich stand hilflos da. Meine Idee, mich bei der Polizei zu melden und darum zu bitten, meine Eltern zu informieren, setzte ich umgehend in die Tat um. „Guten Abend, Genosse", meldete ich mich im VP-Kreisamt bei dem wachhabenden Polizisten, der gleich hinter der schweren Eingangstür in einer „gepanzerten" Kabine saß. Keine Antwort! Verständlich, denn es war mittlerweile 22 Uhr und der Genosse war offenbar müde oder zumindest missgelaunt, weil er Nachtdienst hatte. „Guten Abend, Genosse", sagte ich. Nur diesmal noch eine Spur freundlicher. „Was willst du denn?", schallte es aus dem Sprechloch. „ Ich bin erst 16 Jahre alt, habe eine Panne mit meinem Moped und kann, wenn ich mit dem Zug fahre, erst morgen zu hause sein. Bitte informieren Sie meine Eltern, damit die sich keine Sorgen machen." „Das kann ich nicht, das muss der Diensthabende Offizier entscheiden." „Dann holen Sie ihn doch bitteschön."

Nach etwa einer Stunde kam ein etwas nach Alkohol riechender Offizier auf mich zu und fragte mich brummig, was ich eigentlich wolle. Gleiche Erklärung wie vor einer Stunde. „Telefonnummer?" „Vorwahl und dann 312!" „Geht klar!", versprach er mir und schlich von dannen.

Die Nacht verbrachte ich schlaflos auf einer Bank im Vorraum des Bahnhofes. Als ich meine Fahrkarte löste und das Moped per Expressgut aufgeben wollte, fragte man mich: „Ist da noch Benzin im Tank". „Ja!" Ich hatte gerade zuvor den Tank mit 5 Litern Gemisch -1:33- für 8,10 Mark gefüllt. „Das muss raus!", belehrte mich der Reichsbahner in unmissverständlichem Tone. Also stellte ich mich auf den Vorplatz des Bahnhofes und ließ den Inhalt meines Tankes im Erdreich versickern, was heute aus ökologischer Sicht undenkbar wäre.

Nun verlief alles wie geplant. Ich kam in Ilmenau an, hatte aber noch viel Zeit, bis der nächste Zug in meinen Heimatort fuhr. Also entschied ich, mich an die Landstraße zu stellen, und per Anhalter weiter zu fahren. Ich hatte Glück. Ein Bekannter kam mit seinem Motorrad und fragte, ob ich mitfahren wolle. Ich bejahte und war schon gegen 8.30 Uhr, eine Stunde früher als mit dem Zug, zu hause. Dort herrschte helle Aufregung. Keiner wusste Bescheid. Meine Eltern hatten in Schmalkalden angerufen und erfahren, dass ich bereits am Vortage dort weggefahren bin. Mein Vater gab eine „Suchmeldung" auf. Und die Polizei fahndete im ganzen Bezirk Suhl nach mir. Die Suche funktionierte offenbar „hervorragend", denn sie haben nicht bemerkt, das sich der „Vermisste" bereits am Vorabend bei der Polizei freiwillig „gestellt" hatte.

Ich glaube, der Genosse Leutnant hat sich nach meiner Meldung lieber wieder der Wodkaflasche, statt dem Telefon zugewandt.

So verlässlich, fleißig und einsatzbereit waren eben *nur* die Genossen der Deutschen Volkspolizei. Die Deutsche Volkspolizei – dein Freund und Helfer!

Meine neue Liebe, eine MZ – ES 250/1

Nachdem ich meine Lehre als Feinmechaniker beendet hatte, begann ich eine Tätigkeit als Angestellter an der Technischen Hochschule in Ilmenau. Die Arbeit war interessant und abwechslungsreich, weil alle Aufträge Einzelfertigungen waren und sich nichts wiederholte.
Das Problem dabei war nur der Verdienst. 375 Mark Brutto und nach Abzug aller Steuern standen mir genau 306,50 Mark auf die Hand bzw. auf dem Konto zur Verfügung. Von diesem Geld konnte ich also kein Motorrad finanzieren. Ein Traum war es aber schon, einmal ein solches zu besitzen. Ein Wunsch von Kindesbeinen an.
Vom Gehalt war es, wie schon gesagt, nicht möglich. Aber ich machte nebenbei ein wenig Musik. Spielte in verschiedenen Gruppen. Vom Beat zum Tanztee für die Teens (wir nannten das immer scherzhafter Weise „Ferkelrennen") bis zu seriösen Muggen zur Beerdigung – wir machten alles! Da blieb natürlich ein „schöner Pfennig Geld" übrig, wenn auch große Teile der Gage auf den Kopf gehauen - oder besser - durch die Kehle gejagt wurden.
Am 24.05. 1966 war es dann soweit. Ich kaufte mir ein Motorrad. Sie dürfen raten, welche Farbe es hatte. Richtig! Natürlich schwarz. Sie wissen ja noch: schwarz ist schwarz! Das war aber wieder mehr ein Zugeständnis an meinen Vater, der vom Erwerb eines 16 PS starken Motorrades nicht besonders begeistert war.
Ohne den Führerschein zu besitzen, schob ich das Fahrzeug zu Bekannten in Ilmenau und ein passionierter Motorradfahrer fuhr es dann endgültig in meinen Heimatort. Bereits am 27. Mai wurde das Krad

30

unter dem Kennzeichen OH 09 – 29 für 8 Mark zugelassen. Jeder Bezirk hatte einen anderen Kennzeichenbuchstaben. So stand das *O* für den Bezirk Suhl

Die Kfz-Steuer betrug 36 Mark, die Haftpflichtversicherung 34 Mark. Jährlich musste also ein Betrag von 70 Mark bis spätestens 30.April bei der „Staatlichen Versicherung der Deutschen Demokratischen Republik" eingezahlt werden. Bis zu diesem Termin wurden die Wertmarken bei der Deutschen Post verkauft und in die „Zulassung" eingeklebt.

Geschwind bemühte ich mich um eine Fahrerlaubnis – wie es im Amtsdeutsch der DDR offiziell hieß. Günstig konnte ich sie bei einem meiner alten Lehrer, der auch Fahrlehrer bei der GST (Gesellschaft für Sport und Technik) war, machen. Die Maschine war äußerst spritzig – wenn man von den damaligen Verhältnissen ausgeht. Zu Anfang nahm ich keinen Sozius mit. Ich musste erst allein meine Erfahrungen sammeln, bis ich die Maschine vollkommen beherrschte. *Ich* wollte mit *ihr* fahren. *Sie* sollte nicht mit *mir* fahren.

Später unternahmen wir herrliche Touren. Meine spätere Frau war eine ausgezeichnete Mitfahrerin. Sie schmiegte sich eng an, hielt guten Kontakt zum Fahrer. Das war natürlich nicht nur für das Beherrschen der Maschine wichtig sondern auch ansonsten äußerst angenehm.

Obwohl ich dieses Fahrzeug sehr lange fuhr, sehr viel damit erlebte, möchte ich nur zwei Episoden hierzu erzählen.

Auf IFA 125 cm³ Der Vorläufer der legendären MZ-RT 125. „Mutti" auf einer AWO 425.

Eine 250iger Java – und so eine Sozia.

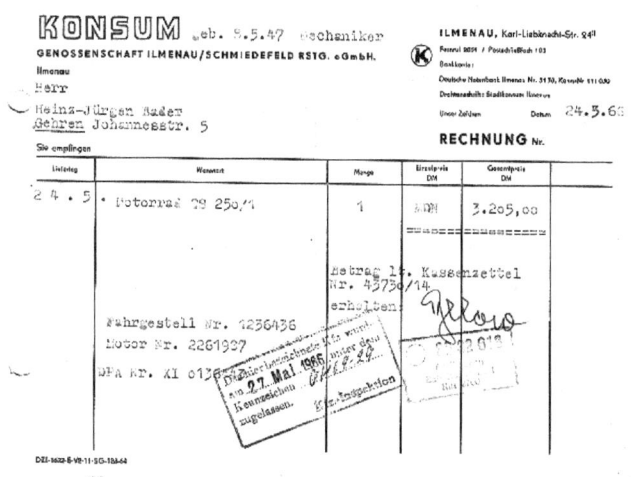

3.205,00 Mark – ein stolzer Preis bei einem Monatseinkommen, das damals im Durchschnitt bei ca. 450 Mark lag.

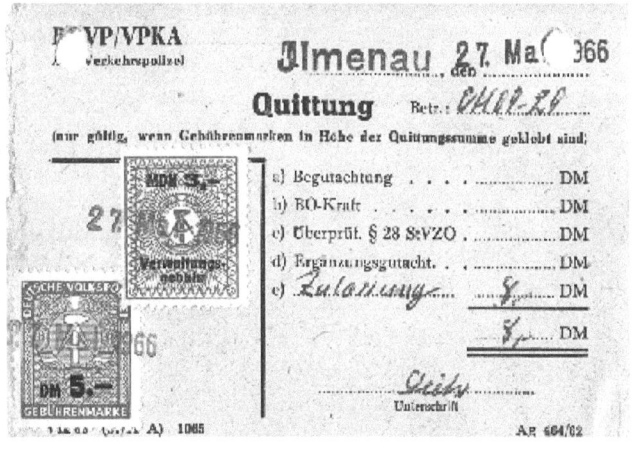

„O" stand für den Bezirk Suhl.

Originalzulassung nach meinem Umzug in den Bezirk
Gera. Hier wurde der Buchstabe „N" vergeben. Die
neue Nummer NT 09 – 05.

MZ ES 250/1 – natürlich in schwarz. Hier bei der
Lackpflege

1	Art des Fahrzeuges	Kraftrad
2	**Fahrgestell** a) Hersteller b) Typ c) Radstand d) Zul. Anhängelast e) Fahrgestellnummer f) Kraftübertragung	VEB Motorradwerk Zschopau ES 250/1 .... Baujahr: ...... 196 6 .... 1325 .... mm Seitenwagen: .137 kp, Anhänger: 114 kp gem. § 48 StVZO .... * Kardan.- Kette ....
3	**Antriebsmotor** a) Hersteller b) Typ c) Art, Kraftstoff, Takt d) größte Nutzleistung e) Hubraum g) Motornummer	VEB Motorradwerk Zschopau ES 250/1 Verbrennungsmaschine, Vergaser, 2-Takt ...... 16 .. PS bei .... 5200 U/min. .... 250 ...... ccm, Zyl.-Zahl 1
4	b) Leergewicht d) Zulässig. Gesamtgewicht	153 .... kp 320 .... kp
5	b) Farbanstrich c) Zahl der Plätze	schwarz ...... 2 .... (einschließl. Fahrerplatz)
9	**Ort der Anbringung** a) der Fahrgestellnummer b) der Motornummer	a) ...... Vordere Motoraufhängung links .... b) ...... Motorgehäuse rechts ......
13	e) Reifengröße f) Höchstgeschwindigkeit	* vorn ...... 3,25 — 16 hinten ...... 3,50 — 16 Seitenwagen ...... 3,50 — 16 ...... 115 ...... km/h

14	Bemerkungen:	

Beim Anbau des Super-Elastik-Seitenwagens ist das Informationsblatt über den Anschluß des Super-Elastik-Seitenwagens an das MZ-Motorrad ES 250/1, das jedem Seitenwagenumbausatz mitgeliefert wird, genauestens zu beachten.

Zu Ziffer 9 a)
Ausnahmegenehmigung Nr. 15/61 von § 70 Absatz 2 StVZO wurde vom Ministerium des Innern am 30. Dezember 1961 erteilt.

*Nichtzutreffendes ist zu streichen

Datenblatt meines im Original vorhandenen Fahrzeugbriefes.

35

Während meiner Oberschulzeit hatte mir ein Lehrer, mit dem ich politische Differenzen hatte, bescheinigt, dass mit meiner Einstellung sowieso nichts aus mir würde. Das war mir stets Ansporn, gerade Lehrer werden zu wollen. Noch im Jahre 1965 begann ich ein Pädagogikstudium. Die Fahrten zum Studienort legte ich selbstverständlich von Frühjahr bis zum späten Herbst mit meinem Motorrad zurück.

Eines Tages im September 1967 fuhr ich wie so oft die mir bekannte Strecke und wusste, dass hinter Erfurt die Straße mit blau schimmernden Basaltsteinen gepflastert war. Es war schon unangenehm, diesen glatten Belag bei Trockenheit zu befahren. Wirklich gefährlich wurde es, wenn es regnete. Zu dieser Jahreszeit erntete man in der „Goldenen Aue" die dort traditionell angebauten Rüben. Jeder Traktor, der das Feld verließ, brachte in seinen Reifenprofilen einen glitschigen Lehm mit. Der fuhr sich dann an den Einmündungen der Feldwege auf die Landstraße ab und verwandelte die Fahrbahn viele Meter weit in eine gefährliche Rutschbahn. Besonders an diesem Tage, der feucht und regnerisch war, war jener Abschnitt, den ich befahren musste extrem gefährlich. Besonders für Motorräder! Ich war mir dieser Tatsache bewusst und fuhr angemessen schnell. An einer leichten Bergkuppe, an der ein solcher Feldweg einmündete und die noch dazu im Scheitelpunkt einer Kurve lag, verlor ich die Gewalt über mein Fahrzeug und rutschte mehr als ich fiel auf der Fahrbahn entlang. Es blieb mir keine Chance, die Richtung meines Schlitterns zu beeinflussen. Was allerdings dringend nötig gewesen wäre. Mir entgegen – durch Kurve und Bergkuppe nicht vorher zu sehen – kam ein LKW vom Typ H3A. Der Fahrer „stieg zwar gewaltig in die Klötzer", als er mich so über die Straße

36

„treiben" sah, konnte aber bei dieser schmierigen Oberfläche auch nicht verhindern, dass sein Fahrzeug rutschte und damit unkontrollierbar für ihn wurde. Ich hingegen driftete auf ein immer größer werdendes Vorderrad zu – unaufhörlich.

Ich weiß nicht, was ich in diesen Sekunden gedacht habe. Sie kamen mir wie eine Ewigkeit vor. „Nimm das Bein raus, vielleicht kannst du noch deine Richtung ändern", war eine letzte Idee.

Kein Erfolg! Wie durch ein Wunder stand plötzlich der LKW und meine Rutschpartie war auch gestoppt. Sie endete 20 Zentimeter vor dem linken Vorderrad des Autos. Gott sei Dank!

Das war noch einmal gut gegangen! Ich lag noch auf der Straße, als ein völlig verstörter Fahrer sich über mich beugte und sagte: „Junge, da hast du aber Glück gehabt. Wenn ich 5 Stundenkilometer schneller gefahren wäre, hätte ich dich jetzt unter dem Rad hervorziehen müssen." Genau so sah ich das auch. Mir war glücklicher Weise durch die Motorradkleidung nichts schlimmeres geschehen – ein paar Prellungen konnte man locker wegstecken.

Das Motorrad hatte mich noch überholt und lag am Ende des Brummis. Den Lenker nach unten gebogen, der Schalthebel abgebrochen. Es war nicht mehr zu fahren. Ehrlich: ich hätte auch gar keine Lust mehr dazu gehabt. Wir warfen es auf den LKW und ab ging es zur nächsten Dorfkneipe. Von hier rief ich zu hause an und meine Eltern organisierten den Transport des Fahrzeuges mit einem Kleintransporter. Während der Wartezeit untersuchte ich das Krad genauer und stellte fest, dass auch am Rahmen eine Bruchstelle war. Diese wurde dann später in einer Spezialwerkstatt, welche die Berechtigung zum Schweißen an Fahrzeugrahmen hatte, wieder in Ordnung gebracht. Sie ahnen es schon: und schwarz überstrichen! Das einzige, was später von diesem Sturz zurückblieb, war eine Erfahrung mehr und die Bescheinigung der Werkstatt über die Schweißarbeiten am Rahmen, die ich immer mit meinen Fahrzeugpapieren mitführen musste. Ich habe sie noch heute! Die Schilderung dieses Erlebnisses sollte doch meinem Vater recht geben, der da skeptisch gegenüber Motorrädern war und stets sagte: „Vier Räder und ein Dach über dem Kopf sind immer eine sicherere Sache." Wie recht er hatte, wusste schon der Volksmund: „Ein Motorradfahrer, der nicht in jedem Jahr einmal die Straße „ausmisst", ist kein Motorradfahrer."

An ein Auto war aber noch lange nicht zu denken. So fuhr ich noch viele Jahre mit meiner MZ. Mehrere Jahre später spielte sich deshalb folgende Episode ab, die allerdings eine Vorgeschichte hat:

Nach Abschluss meines Studiums, ich war mittlerweile verheiratet und stolzer Vater einer Tochter, sollte ich eine Stelle in Heldburg annehmen. Heldburg war aber strengstes Grenzsperrgebiet und nur ich hätte dort wohnen können. Meine Familie sollte in der Kreisstadt Hildburghausen Quartier beziehen. Nun hatte ich aber – wie man sicher verstehen kann – keine Lust, getrennt von meiner Familie zu leben und quasi eine „Wochenendehe" zu führen. Ständig hörte ich mich um, wo es denn eine Arbeit gäbe, die auch eine Wohnung anzubieten hätte. In der DDR eine sehr wichtige Überlegung, denn es herrschte eine permanente, fast unerträgliche Wohnungsnot.

Auf einer Zugreise traf ich eine ehemalige Klassenkameradin, die mir sagte: „Bei Zeiss in Jena suchen sie in der Berufsschule noch Leute. Die bieten auch eine

Wohnung an." Groß war meine Freude nicht, als „Kind des Waldes" in solch ein unpersönliches Wohngebiet wie Jena-Neulobeda ziehen zu müssen. Aber was half es! Wer Wohnung mit Arbeit haben wollte, der *musste* an die „Brennpunkte der sozialistischen Volkswirtschaft".

Ich bewarb mich. Es klappte, am 01.08. 1969 trat ich meinen Dienst an. Die Wohnung war nicht gleich vorhanden und ich wohnte mehrere Wochen in einem Hotel in Camburg an der Saale. Natürlich auf Betriebskosten. Eines Tages erhielt ich ein Angebot, doch nach Hermsdorf im Holzland zu ziehen. Da bekäme ich die Wohnung sofort. Nach einer Besichtigung des kleinen Städtchens, das mir völlig unbekannt war, und dessen Existenz nur in Verbindung mit dem Autobahnkreuz gleichen Namens ein Begriff war, war ich sofort begeistert. „Hier kann man sich als Wäldler wohl fühlen", dachte ich zufrieden. Ringsherum Wald. Was ich aber noch nicht wusste, als ich den Umzug zusagte, war die Tatsache, dass auch in Hermsdorf akuter Wohnungsmangel herrschte und man unter der Bevölkerung sehr zufrieden war, ein schönes kleines und überschaubares Neubaugebiet zu erhalten. Das würde bestimmt die Wohnungsnot lindern und einige Einheimische, die noch unter katastrophalen Bedingungen lebten, bekämen nun endlich eine schöne Wohnung.

Doch wie war das gleich im Sozialismus? Die Brennpunkte ....! Carl Zeiss Jena war ein solcher. Um das Werk den neuen ökonomischen Bedingungen anzupassen, sollte eine gewaltige personelle Aufstockung erfolgen. Die Arbeiter und Wissenschaftler wurden aus allen Teilen der Republik rekrutiert. Und alle brauchten natürlich Wohnraum. Schneller als man ihn in Jena schaffen konnte. Deshalb ging der „mächtige" Betrieb nach Hermsdorf, „requirierte" einen großen Teil der neu gebauten Wohnungen, setzte seine Mitarbeiter – so auch mich- hinein. Und die Hermsdorfer guckten wieder „in den Mond". Dass wir als „Zogereeste"(Zugereiste), wie es in lieblicher Holzlandmundart heißt, nicht besonders beliebt waren, ließ sich leicht denken. Wir jedoch waren uns keiner Schuld bewusst, mussten aber mit den sich daraus ableitenden Konsequenzen lange, lange Zeit leben. Das ging soweit, dass ich - als ich einmal für ein kaputtes Fenster eine neue Glasscheibe brauchte - zum ortsansässigen Glaser ging und mein Anliegen vortrug. „Wo kemmst d´n har?" (Wo kommst du denn her?), wurde ich gefragt. Nach abgegebener Erklärung meinerseits erhielt ich folgendes Statement: „Su, eh Zogereester! For eich hoh ech kä Glos." („So, ein Zugereister! Für euch habe ich kein Glas.") Unverrichteter Dinge, mit defektem Fenster, verließ ich die Glaserei.

Diese Vorbetrachtung ist evtl. zum Verständnis der nächsten Episode wichtig.

Nach wie vor fuhr ich täglich mit meiner „ES" zur Arbeit nach Jena. Da zu dieser Zeit auf der A 4 noch weniger Verkehr war als heute, benutzte ich die Autobahn. Es war trotzdem eine angenehme Fahrt – zumindest wenn es nicht regnete. Ich fuhr am Hochspannungsprüffeld, dem Wahrzeichen Hermsdorfs, das ich schon von früheren Vorbeifahrten kannte, entlang, wechselte auf dem Kreuz von der A 9 zur A 4, überquerte die „Teufelstalbrücke", die lange Zeit die erste und größte Spannbogenbrücke Europas war, und kam nach nur 20 Minuten Fahrt in Jena an. An besagtem Tage trübte sich zunehmend der Himmel

40

ein. Zu Feierabend goss es wie aus Kübeln. Mein Motorrädchen war mittlerweile im 6. Jahr und hatte 150 000 km „auf dem Buckel". Es funktionierte nicht mehr alles so wie am ersten Tag. Lange Rede, kurzer Sinn! Auf der Heimfahrt blieb auf halber Strecke der Motor einfach stehen. Keinen Laut gab er mehr von sich. Reparaturversuche erschienen mir bei diesem Wetter als zwecklos, weil ich ohnehin der Meinung war, dass die Panne mit dem Regen in Zusammenhang stand. Mir war, als hätte ich Wasser im Vergaser. Schnell schob ich die Maschine in die Büsche, schloss sie an und tarnte sie zusätzlich. Man weiß ja nie, wie lange man sich nicht wieder sieht. Die Fahrt per Anhalter verlief problemlos und ich machte mich am nächsten Tag auf, um in der MZ-Vertragswerkstatt am Ort darum zu bitten, entweder einen Monteur zu meinem Motorrad zu schicken oder es in die Werkstatt zu holen, um es zu reparieren. Doch ich fand kein Ohr. Der Meister, dem ich mein Begehr vortrug, ließ mich ohne Antwort stehen. Jetzt nur nicht aufgeben! Hartnäckig bleiben! Ein erneuter Anlauf: Ohne Erfolg! Ich kam mir vor wie Luft. Keiner sah mich, keiner gab mir Auskunft, keiner half mir weiter. Im Gegenteil: der einzige Satz, den der große Meister mit mir sprach, war: „Was willst du denn immer noch hier? Wir haben keine Zeit. Wenn du nicht bald abhaust, hetze ich den Hund auf dich." Sagte es, drehte sich um und verschwand. Plötzlich stand der schon erwähnte Glasermeister vor mir und bot sich an, das Fahrzeug mit seinem Anhänger nach Hermsdorf zu holen. Ich war ob des Angebotes froh, nahm dankbar an und in weniger als einer Stunde war mein Motorrad geborgen. Später wurde mir dann klar, dass das nicht ein Akt der Nächstenliebe war. Als ich die Rechnung erhielt, dachte ich so bei mir: das hättest du auch von der Interflug fliegen lassen können. Nun gut! Ich war glücklich, mein Motorrad wieder zu haben und die größte Tat meines Transporteurs war es, dass er es gleich in die MZ-Werkstatt brachte. Aus seinen Händen nahm man es natürlich zur Reparatur an.

Die MZ-Vertragswerkstatt wurde nach der „Wende" eine Opel-Niederlassung. Der Meister zählt schon zur nächsten Generation. Ich war auch mal da. Mir fiel dabei auf, dass der Inhaber jeden Kunden persönlich mit freundlichen Worten - und Sie werden es nicht für möglich halten – sogar mit Handschlag begrüßt. *Mich* natürlich auch! Wie sich doch die Zeiten ändern!

Das Verhältnis zwischen „Eingeborenen" und „Zugereisten" hat sich natürlich im Laufe der vielen Jahre gewaltig verbessert. Wir sind gemeinsam alt geworden und unsere Kinder sind nun auch schon „Eingeborene". Na, fast jedenfalls! Viele sind es ja nicht mehr, die hier geblieben sind. Sie reisten der Arbeit hinterher und wohnen jetzt in den alten Bundesländern.

Wir reisten damals der Wohnung hinterher.

Wie sich doch die Zeiten ändern!

Ein Auto muss her!

Ich hatte am Motorrad einen „Kindersitz" zwischen Fahrer und Sozius angebracht. Er entsprach den gültigen Vorschriften der Straßenverkehrszulassungsordnung. Es waren Fußstützen angeschraubt und eine Möglichkeit geschaffen worden, wo sich der kleine Mitfahrer festhalten konnte. Was ich nicht wusste: die technische Veränderung war in der Fahr-

zeugzulassung eintragspflichtig. Ahnungslos begaben wir uns auf Fahrt, um mit dem Enkelkind die Großeltern zu besuchen. Bei Sonnenschein ging die Reise über die Autobahn. Unsere Tochter kreischte vor Wonne und meine Frau ermahnte mich bestimmt zum 5. mal, doch wirklich langsam und vorsichtig zu fahren. Seit der Geburt des Kindes hatte sie selbst auch Angst, auf dem Krad zu sitzen. Die Tour verlief bis zur Anschlussstelle Mellingen recht gut. Dann stand plötzlich ein Polizist mit einer Kelle in der Hand auf der Fahrbahn. „Ihre Fahrzeugpapiere bitte!" Nichts leichter als das. „Ja, da ist die Fahrt hier zu Ende. Zumindest für das Kind." So ein Blödsinn – ich konnte doch das Kind nicht auf der Autobahn aussetzen! Sie war also auch für meine Frau vorbei. „Weshalb ist die Fahrt zu Ende?" erkundigte ich mich verwundert. „Der Kindersitz ist zwar korrekt, aber nicht in Ihre Papiere eingetragen." Mir wurde ein „Stempel" gedrückt (entspricht heute in etwa der Punktereglung in Flensburg, ging aber schneller und unbürokratischer; den Stempel konnte man bei Wohlverhalten nach einer gewissen Zeit löschen lassen), ein kleiner Obolus kassiert, dann wurden wir nicht weiter behelligt. Der Polizist wandte sich dem nächsten „Täter" zu. Wir konnten also in Ruhe überlegen, wie es nun weiter gehen sollte. Es kam keine andere Lösung in Frage, als mit dem Kind per Anhalter weiterzufahren. Ein freundlicher Herr fand sich unter den angehaltenen Verkehrssündern bereit, Frau und Kind mitzunehmen. Forderte allerdings am Ziel der Fahrt einen nicht kleinlichen Beitrag zu den Benzinkosten. Wir waren aber trotzdem froh, dass dieser Ausflug so glimpflich verlaufen war.
Wir schrieben mittlerweile das Jahr 1972. Unser Sohn war geboren und es wäre auch mit regulärem Kinder-

sitz recht eng für die ganze Familie auf dem nun schon „in die Jahre" gekommenen Motorrad geworden. Also musste ein Auto her!

Neukauf war nicht angesagt. Kenner der DDR-Szene wissen: auf eine Neues musste man 10-14 Jahre warten, je nach Fahrzeugtyp. Gebrauchtwagen wiederum konnten teurer sein als ein Neuer. Um die herrschende Situation allen , die die Zeit in der DDR nicht miterlebt haben, zu schildern, fällt mir doch ein damals viel erzählter Witz ein:

Der Enkelsohn kommt freudestrahlend nach hause und verkündet stolz: „Heute habe ich meinen neuen Trabi abholen können. Mit allen Extras, die ich mir zwar nicht aussuchen konnte, habe ich 11 400 Mark bezahlt." „Ihr müsst es ja haben!" sagte die Großmutter. „Ein Gebrauchter hätte es wohl nicht getan?" „Aber Oma, wo denkst du hin, der wäre doch doppelt so teuer geworden."

Das war genau die Situation, der auch wir uns stellen mussten. Wir arbeiteten nach Abschluss des Studiums erst kurze Zeit. Die neue Wohnung einzurichten, war auch nicht gerade billig. Woher nehmen und nicht stehlen? Nun erwies sich mein Opa als „sichere Bank" im wahrsten Sinn des Wortes. Er versprach seine Unterstützung. Und wenn es kein Luxuswagen werden sollte, wollte er sich nicht „lumpen" lassen.

Die Suche nach einem Gebrauchtwagen begann. Zeitungsofferten wurden beantwortet, großzügige finanzielle Angebote gemacht. Offenbar nicht großzügig genug. Wir bekamen nicht mal eine Antwort.

Eines Tages, nach langer Suche, schien uns das Glück hold zu sein.

Im Nachbarort stand ein IFA F9 zum Verkauf bereit. Die Besonderheit war unter anderem, wie sich aber

44

erst später herausstellen sollte, dass dieses Fahrzeug vormals ein „Wartburg" war. Es befand sich schon in dritter Hand. Infolge eines Unfalles konnte sicherlich ein Vorbesitzer die Originalkarosserie nicht finanzieren und entschloss sich offenbar, auf den Wartburgunterbau, einschließlich Motor und Getriebe, eine F9 Karosserie zu montieren. In manchen Fällen ist es genau umgekehrt gewesen. Also, unter eine vorhandene Karosse, wegen der nicht mehr zu beschaffenden Fahrzeugteile, ein anderes Fahrwerk zu bauen. Beide Varianten waren nicht ungewöhnlich. Es war gängige Praxis und eine Klärung war oftmals nicht mehr möglich!

Das Verhandeln des Preises gab es nicht. Er stand felsenfest. Der Käufer war immer der, der das höchste Gebot abgab. Komisch, mitten im Sozialismus herrschten die Gesetze der Marktwirtschaft. Angebot und Nachfrage bestimmten den Preis!

Am 17. August 1972 unterschrieb ich den Kaufvertrag für diesen PKW „F 9". Mein erstes Auto!

Auch das fuhr ein Arbeitskollege vor meine Tür. Ich glaube, Sie ahnen es schon: Leider durfte ich noch nicht.

Rechtzeitig – dachte ich - hatte ich mich bemüht, die Fahrerlaubnis zu machen. Auch das war nicht so einfach, wie man es sich heute, bei der starken Konkurrenz der vielen Fahrschulen, vorstellt. Der „VEB Kraftverkehr" war meist das einzige Unternehmen in einem Kreis (heute Landkreis), was Fahrschüler ausbildete. Die Wartezeiten betrugen 4 bis 5 Jahre. Frauen wurden bevorzugt angenommen. Ursache dafür war, dass in einer Erhebung festgestellt wurde, dass der Anteil der Frauen, die im Besitz eines Führerscheins waren, beträchtlich unter dem der Männer lag. Das war

natürlich von Partei und Regierung nicht hinzuneh-
men, denn der Anteil der Frauen am Gesamtanteil der
Bevölkerung war über 50%. Wenn man noch die Rolle
der Frau im Sozialismus dazu nimmt, konnte diese
Entscheidung nicht anders sein. Es sei denn, man
konnte als Mann schon den Besitz eines Fahrzeuges
amtlich nachweisen. Jetzt wird Ihnen bestimmt meine
Handlungsweise klar. Erst das Fahrzeug, dann die
Fahrerlaubnis!

Zu Beginn des nächsten Lehrganges „wies ich nach"
und hatte einen Ausbildungsplatz in der Tasche. Am
15.September 72 stellte ich den Erweiterungsantrag,
um von Klasse I auf Klasse IV ausgebildet zu werden.

Der Fahrlehrer, ein älterer und gemütlicher Herr, sagte
nach Beginn meiner ersten Fahrstunde: „Na, Sie sitzen
doch auch nicht das erste Mal am Lenkrad." Saß ich
nicht, denn ich hatte mit dem Auto meines Vaters öf-
ters mal „geübt". Zum Vorteil gereichten mir sicherlich auch meine nunmehr ca. 200 000 Motorrad- und
Mopedkilometer. Da muss man sich im Auto nicht
mehr ausdrücklich auf den Straßenverkehr konzentrie-
ren und kann seine Aufmerksamkeit völlig dem neuen
„Fahrgefühl" widmen.   Am 7. November legte ich
nach nur 8 vorgeschriebenen Fahrstunden meine prak-
tische Prüfung ab und bekam die „Pappe" am 9. November ausgehändigt.

Die erste Fahrt, wie kann es anders sein, sollte zu
unserem „Sponsor" gehen.

Schon nach 50 km, bevor ich die Autobahn verließ und
der Wagen im Standgas ausrollen sollte, um die nötige
Geschwindigkeit für die Ausfahrt zu erreichen, merkte
ich zu meinem Entsetzen: der rollt zwar, aber der Motor ist aus! Ich konnte gerade noch so die Autobahn
verlassen. Panne! Und das mit dem „Neuen". Eine

oberflächliche Untersuchung ergab, dass wohl die Starterbatterie leer war. Das ließ auf einen Lichtmaschinendefekt schließen. Nachdem wir Abschlepphilfe in Anspruch genommen hatten, nahm sich ein Experte der Sache an. „Das ist nicht nur die Lichtmaschine, der Kabelbaum ist hinüber", war sein Urteil. „Und für ein altes Auto gibt es so was nicht mehr. Der müsste neu gebunden werden. Dazu haben wir aber keine Zeit." Nun wurde es problematisch. Was sollte ich tun? Es konnte doch nicht sein, das hier schon der Traum vom „neuen Auto" ausgeträumt sein sollte. In meinem Bekanntenkreis wurde beratschlagt, wie man helfen könnte. Ein flüchtiger Bekannter bot sich an, die Reparatur vorzunehmen. Ich kannte diesen Mann nur als Ingenieur für optische Systeme, der mit mir zuweilen im Zug zur Arbeit fuhr. Sein Angebot war allerdings alternativlos. So ging ich darauf ein. Das große Entsetzen bekam ich, als ich eines schönen Tages den Mann in seiner Garage besuchte und unser schönes Auto sah. Das Armaturenbrett fehlte, alle Kabel waren herausgerissen. Es war ein Wrack! „Keine Angst, das bekommen wir alles wieder hin", war sein Komentar, als er wohl mein entgeistertes Gesicht sah. „Komm in drei Tagen wieder, dann sieht es wieder wie ein Auto aus." Groß war meine Erleichterung, als er am Ende Recht hatte. „Woher kannst du denn so was", fragte ich erstaunt. Außer einem veschmitzten Lächeln bekam ich jedoch keine Antwort. Erst nach der „Wende" erfuhr ich, dass dieser Bekannte viele Jahre in Stasihaft verbracht hatte und da als KfZ-Elektriker ausgebildet wurde. Die Autos der Genossen und der „Kundschafter" fuhren also. Kein Wunder, dass er mir die Antwort schuldig blieb, wo er seine Fähigkeiten erwarb.

Der IFA F9. Prächtig stand der Wagen vor mir. Weinrot lackiert, mit einem cremefarbenen Dach.

Auch die Kinder waren hocherfreut

Ich war noch nicht lange gefahren, da geriet ich in eine Verkehrskontrolle. Alles wurde akribisch überprüft. Fahrzeugpapiere, Führerschein, Beleuchtung, Blinker, Stopplicht und Hupe. Keine Beanstandung - dachte ich! Weit gefehlt! „Wissen Sie Bürger, dass Sie ein ausländisches Fahrzeug mit den Papieren der DDR führen?" Das war mir neu. „Na dann kommen Sie doch mal mit." Der Wachtmeister führte mich hinter mein Auto. „Und, was können Sie erkennen?". Mir fiel nichts besonderes auf. Doch – natürlich! Da prangte ein kleines weißes Plastikschild mit einem schwarzen „D". Das hatte ich bisher nicht so ernst genommen, denn das Schild war eigentlich nur deshalb vom Vorbesitzer angebracht worden, um zwei Bohrungen in der Karosserie abzudecken und den Kofferraum vor eindringendem Wasser zu schützen. „Wissen Sie denn nicht, dass Sie Bürger der Deutschen Demokratischen Republik sind und demzufolge das *neue* Nationalitätenkennzeichen „DDR" zu führen haben?" „Sofort werde ich den Schaden beheben", sagte ich und schickte mich an, mein Werkzeug auszupacken. „Nein, Bürger, so geht das nicht!" hörte ich von der Gegenseite. Ich bekam einen so genannten Mängelschein und einen Termin, bis wann ich diesen schweren, die Sicherheit des Straßenverkehrs gefährdenden Mangel abstellen und das Auto wieder vorführen musste. Leider gab es in unserem Ort keine Möglichkeit, den Beweis anzutreten. Ich musste das Fahrzeug dem Kfz - Sachverständigen auf dem Polizeikreisamt vorstellen.

Die Veränderung dieser „ideologischen Unkorrektheit" dauerte nicht länger als drei Minuten. Schnell waren vier Schrauben gelöst und das Zeichen wurde einfach umgedreht, so dass seine schwarze, unbeschriftete Oberfläche nach außen kam.

Der Weg in die Kreisstadt - und das war das ärgerliche
– blieb mir nicht erspart. Bewusst parkte ich mein
Fahrzeug in einiger Entfernung vom Amt. Dann sprach
ich mit meinem Mängelschein vor und meldete: „Der
hier beschriebene Mangel wurde beseitigt." „Gut!",
war die Antwort des Polizisten, der da hemdsärmelig
am Schreibtisch saß. „Was, gut! Ich bin ausdrücklich
aufgefordert worden, mein Fahrzeug vorzuführen. Jetzt
bestehe ich auf Inaugenscheinnahme." Misslaunig
brachte der Experte seine Uniform in Ordnung und
begab sich mit mir zum Parkplatz. „Wo ist denn das
Auto?" „Das steht einige Straßen weiter weg geparkt.
Vorhin war hier kein Platz." Wohl oder übel trottete
der Sachverständige neben mir zum Fahrzeug, um
einen flüchtigen Blick auf die neue Lösungsvariante zu
werfen.
Auf der Heimfahrt freute ich mich natürlich über
meine kleine „Rache".
Quintessenz: Nimm's leicht, wenn heute mal der
„Amtsschimmel" wiehert. Obwohl die „Genossen der
Deutschen Volkspolizei" noch keine Beamten waren,
deren Ruf haben sie schon damals alle Ehre gemacht.
Es liegt offensichtlich nicht am Status. Oftmals hat es
sicherlich andere Ursachen. Welche, diese Entscheidung lege ich in das Ermessen des Lesers. Denken Sie
bei dieser Überlegung aber immer daran: nicht *jeder*
Beamte passt in das Klischee.

In knapp zwei Jahren durchlebte ich mit diesem Fahrzeug schöne, aber auch weniger schöne Augenblicke.
Neben herrlichen Reisen, an denen ich nach Möglichkeit auch meinen „Sponsor" beteiligte, verfolgte mich
auch ständig der „Pannenteufel". Es blieb eben ein in
die Jahre gekommenes Gebrauchtfahrzeug. Einmal war

der Auspuff weggerostet, ein andermal die Blattfeder der Vorderachse gebrochen. Und das alles bei dieser verheerenden Ersatzteillage. Überall konnte man nur mit Beziehungen oder reichlich „Schmiergeld" die notwendigen Teile beschaffen. Nie ließ ich den Mut sinken. Ein neues Auto war noch nicht in Sicht. Die Anmeldung dafür war auf den 06.06. 1971 datiert und unter der Nummer 64/71 beim VEB IFA-Vertrieb in der Filiale 3041 registriert. Damit hatten wir, wenn alles gut ging, noch 9 bis 10 Jahre Wartezeit vor uns. So wurde immer wieder eine Möglichkeit zur Reparatur gefunden. Bis, ja, bis mir diese Entscheidung aus der Hand genommen wurde ...

Selbstredend benutzte ich mein Fahrzeug auch, um zu meinem Arbeitsort zu fahren, der mittlerweile nicht mehr in Jena war. Auf einer herrlichen Strecke, immer durch den Wald, führte mich mein Weg in das näher gelegene Eisenberg.

Eines Tages, im Juli 1974 schickte ich mich in aller Frühe an, die Fahrt zu beginnen.

Das Wetter war schön. Fast genoss ich es, über eine kurvenreiche Strecke mein Ziel zu erreichen. Vor mir fuhr ein Geländewagen der Nationalen Volksarmee. Das Tempo war recht langsam – manchmal fast Schrittgeschwindigkeit. „Weshalb fahren die so langsam?" dachte ich. Durch mehrere Kurven bedingt, gab es keine Chance zu Überholen. Weshalb auch? Ich hatte noch Zeit und fuhr deshalb geduldig hinterher. Nach ca. drei Kilometern „Schleichfahrt" hatte ich wieder den Überblick nach vorn, die Straße war frei. Aus dem Waldweg, der linker Seite auf die Hauptstraße führte, drohte keine Gefahr, denn ich wusste, dass dieser für alle Fahrzeuge gesperrt war. Also, Blick über die Schulter, blinken und schnell vorbei. Als ich auf gleicher Höhe mit dem Militärfahrzeug war, zog dieses plötzlich nach links, um in den Waldweg einzubiegen. Mit einem lauten Krachen schlug es in die rechte Seite meines „F 9". Durch die Wucht des Aufpralls wurde ich nach links in den Waldweg geschoben, dann war alles still.

Voller Schrecken kletterte ich aus meinem Fahrzeug. „Mein Gott!" dachte ich „Das ist hin!". Ich muss ehrlich sagen, dass ich in diesem Augenblick die Situation noch nicht so recht überblicken konnte. Ein total verstörter Fahrer kletterte aus dem anderen Fahrzeug, um seinerseits den angerichteten Schaden zu besichtigen.

„Tut mir leid, aber ich bin schon ungefähr 20 Stunden gefahren und todmüde", sagte er entschuldigend. „Als ich den Befehl bekam, in diesen Waldweg einzubiegen, war ich nicht konzentriert und habe dich auch durch die kleinen Seiten- und Rückscheiben nicht gesehen."

„Genosse Soldat!", war plötzlich eine Stimme zu hören. „Steigen Sie ein und fahren Sie weiter." Neben uns stand ein Oberleutnant, der offenbar schon den Schaden am Armeefahrzeug kontrolliert hatte. Außer Kratzern an der Stoßstange war an diesem robusten „GAS" – einem sowjetischen Geländefahrzeug – nichts zu erkennen.

„Halt! Sie können doch nicht weiterfahren", protestierte ich. „Steigen Sie bitte ein!", befahl der Offizier seinem Fahrer. „Ich bin das Führungsfahrzeug und habe eine ganze Kolonne auf die hier irgendwo verlaufende Autobahn zu führen. Da kann ich doch nicht wegen so einer Lappalie Zeit verlieren", erklärte er mir. Jetzt wurde mir alles klar. Die Kolonne war noch weit zurück und der Führungsoffizier suchte einen Weg durch den Wald zur Autobahn. Er wollte die Ortsdurchfahrt durch die Stadt umgehen. Mit der Karte auf dem Schoß entschied er plötzlich, dass der Fahrer links in den Waldweg einbiegen sollte. Dieser schaute nicht oder war nach dieser langen Lenkzeit nicht mehr in der Lage dazu.

„Das Fahrzeug und der Fahrer bleiben jedenfalls hier bis die Polizei eingetroffen ist", hörte ich plötzlich eine Stimme hinter mir sagen. In meiner Aufregung hatte ich nicht bemerkt, dass mittlerweile mehrere Fahrzeuge angehalten hatten. Ein Fahrer hatte den Befahl des Oberleutnants gehört und beherzt eingegriffen. Ich allein hätte es sicher nicht verhindern können, wenn sich mein Unfallgegner –mit der Begründung des „militärischen Ausnahmezustandes" vom Unfallort entfernt hätte.

Die Kolonne der Armeefahrzeuge traf mittlerweile ein. Der Offizier entschwand mit ihr. Kommandierte vorher einen Feldwebel ab, um die Angelegenheit zu klären.

Zeit genug um den Schaden näher zu besichtigen. Später las sich das im Schadengutachten der Versicherung vom 12.07.74 so:

„Rechte Seite der Karosserie beschädigt. Kotflügel, Seitenteil eingedrückt. Türholm verdrückt. Türe verklemmt und eingebeult. Motorhaube verzogen, Rechter Antrieb verdrückt ..... Linker vorderer Kotflügel von Karosserie gelöst. Lenkung und Spurstange beschädigt. Lenkerarm verdrückt". Und so weiter und so fort.

Die am Unfallort eingetroffene Polizei stellte eindeutig die Schuld bei meinem Unfallgegner fest, „weil das Armeefahrzeug zwar auf den gesperrten Waldweg einbiegen durfte. Jedoch nur unter Beachtung besonderer Vorsichtsmaßnahmen. Auch war der Fahrer, nach dieser langen Lenkzeit, nicht mehr in der Lage, das Fahrzeug sicher im Straßenverkehr zu führen."

Jetzt ging nun der Kampf mit der Versicherung los. Wir hatten ja praktisch beide die selbe. Die Staatliche Versicherung der DDR vertrat mich bei meinen Forderungen an den Unfallgegner, der von der Staatlichen Versicherung der DDR vertreten wurde. Das Dilemma war programmiert, als es auch noch im Gutachten hieß:

„Das Fahrzeug ist durch den Unfall in seiner Karosserie stark beschädigt. Eine Instandsetzung ist wegen fehlen der erforderlichen Karosserieteile nicht möglich."

Dann kam noch der Höhepunkt des Gutachtens:

„Anspruch auf Totalschaden zum Erwerb eines neuen Fahrzeuges besteht nicht. Keine Bescheinigung ausgeben."

Das war also deutlich! Was war dann ein Totalschaden, wenn die Karosse sich nicht mehr reparieren ließ und durch eine neue ersetzt werden musste? Die war allerdings nicht aufzutreiben. Ein Überbau vom Typ „Wartburg" war bei diesem Rahmen doch auch möglich. Das Geld für den Schaden nützte kaum. Ich bekam ja ohne Bescheinigung kein Auto.

Das sollte also das „Aus" für meine Autofahrerkarriere sein?

Der lange Streit mit der Versicherung endete schließlich mit einem Satz, der mir vom Chef der Jenaer Versicherung gesagt wurde und den ich nie vergessen werde: „Sie haben zwar recht, aber recht haben und Recht bekommen sind zwei verschiedene Dinge. Verklagen Sie uns doch, wenn Sie solch einen langen Atem haben."

54

Ich glaube, hier haben sich die Zeiten kaum geändert. Dieses Prinzip gilt noch heute, vielleicht noch verstärkt.

Ein Brief an den Standortkommandanten des Offiziers, in dem ich über das rechtswidrige Verhalten des Kolonnenführers Beschwerde führte, blieb unbeantwortet. Nur vom abkommandierten Feldwebel erfuhr ich, dass diese Praxis, wie man sich bei einem Unfall verhielt, kein Einzelfall war.

Die versicherungstechnischen „Restwerte" von 2.593,00 DM wurden am 12.08. 1974 an einen „Bastler", der einen leicht defekten „F 9" sein Eigen nannte, verkauft. Zusammen mit der Versicherungssumme hatte ich einen Gesamtbetrag von in etwa 5.200 DM auf der Habenseite.

Ein neues Abenteuer konnte beginnen!

Woher nehmen, wenn nicht stehlen?

Jetzt sollte erst einmal eine autolose Zeit beginnen. Zum einen war es nicht einfach, einen „neuen" Gebrauchten zu beschaffen. Zum anderen waren die zur Verfügung stehenden Geldmittel recht knapp bemessen, denn die Ausbeute aus den Resten des „F 9" sind nicht als üppig zu bezeichnen. Sie wissen ja noch: ein Alter war teurer als ein Neuer. Irgend eine Lösung musste gefunden werden. Zumindest für den Übergang. Ich hatte überdies eine unregelmäßige Dienstzeit. Die Fahrpläne der öffentlichen Verkehrsmittel für den Weg zur Arbeit erwiesen sich als unpraktisch und zeitraubend. In dieser Situation erinnerte ich mich an meinen Mopedroller, der doch sicherlich noch bei meinen Eltern stehen sollte. Eine Nachfrage ergab, dass das Fahrzeug nach gründlicher Überholung des Motors einsatzbereit sei. Mein Vater veranlasste das und überdies übernahm er auch den Transport. Dazu wurden alle Sitze seines PKW Trabant 500 ausgebaut. Nur der Fahrersitz verblieb an seinem Ort. Man sollte es nicht glauben, aber nach geschicktem Planen und einigen erfolglosen praktischen Versuchen gelang es tatsächlich, den kompletten Roller durch die sehr weit öffnende Kofferhaube zu schieben und ohne Beschädigungen am Auto zu transportieren. Doch wie sah das Fahrzeug aus, als ich es das erste mal wieder sah? Im schönen blauen Hammerschlaglack waren mächtige Kratzer. An einigen Stellen fehlte er sogar ganz. Keine Freude wäre es geworden, damit zu fahren. Kurzer Hand wurden ein paar Spraydosen beschafft und die Verkleidung bekam einen neuen Farbauftrag. Sie wissen ja schon: Natürlich – schwarz!

Meine ersten gefahrenen Kilometer ließen mich erkennen, dass die „gründliche Überholung" nicht so den großen Erfolg gebracht hatte. Aber für den Notfall und so als Übergang sollte es schon noch fahren.

Das Wetter meinte es in diesem Sommer nicht besonders gut mit uns. Mehrmals wurde ich bis auf die Haut nass. Ein wenig kam ich mir auch komisch vor, wenn ich mit diesem „Speichenwärmer" in kompletter Motorradwetterkleidung vor meinen Kollegen erschienen wäre. So wurde ich eben lieber nass. Als „verwöhnten" Autofahrer störte mich dieser Umstand aber auch wieder gewaltig. Und als ich eines Tages so pudelnass zum Dienst erschienen bin, dass man im Kollegenkreise mal wieder lästerte, entschloss ich mich zum „äußersten". Ich blies zum Generalangriff.

„Du, hör mal, du kennst doch hier auch jeden", sprach ich einen jungen Kollegen an, von dem ich wusste, das er „mit allen Wassern gewaschen" war und so recht in die Zeit passte.

„Weißt du nicht einen, der einen preiswerten Gebrauchtwagen verkauft." „Kein Problem", antwortete mein Hoffnungsträger. „Ich weiß zwar noch keinen, aber ich kenne den Chef der Filiale, die die Zeitungsannoncen annimmt recht gut. Den rufe ich gleich mal an. Wenn wir Glück haben, bekomme ich die Anzeigen schon, bevor sie in der Zeitung erscheinen." Praktisch – dachte ich! So geht das also. Kein Wunder, dass man immer, wenn man auf eine Auto-Annonce reagierte, am Telefon gesagt bekam: „Tut mir leid! Das Auto war schon verkauft, als die Anzeige noch nicht mal erschienen war." Vielleicht gehöre *ich* dieses mal zu den „Gewinnern".

Tatsächlich! Der Anruf beim Anzeigengewaltigen brachte Erfolg. Schnell waren Name und Anschrift des Verkäufers notiert. Nur keine Zeit verlieren.

Aber ich hatte es doch zu hause nicht einmal abgesprochen. Das war in unserer Familie eigentlich nicht üblich, solche Entscheidungen im Alleingang zu treffen. Jedenfalls nicht, wenn es um einige Tausend Mark ging. Egal! Jetzt musste gehandelt werden.

Vor dem ersten Kontakt mit dem Anbieter sollte man sich genau überlegen, was man bereit wäre, zu bezahlen. Immerhin musste man bei einem alten Fahrzeug in seine Rechnung einbeziehen, dass sicherlich umfangreiche Reparaturmaßnahmen zu erfolgen haben. Ich rechnete also noch einmal die persönliche Kontosituation durch.

Nach Dienstschluss stand ich bei dem Autoverkäufer vor der Tür.

Nachdem mir eine Frau öffnete, entspann sich folgender Dialog: „Guten Tag! Ich möchte Ihr Auto kaufen."

„Woher wissen Sie denn, dass wir eins zu verkaufen haben? Die Anzeige sollte doch erst morgen in der Zeitung erscheinen." „Tja ... so ist das eben." Eine Weile Schweigen. Dann: „Mein Mann ist noch nicht von der Arbeit zurück. Wenn Sie in einer halben Stunde noch mal wiederkommen könnten?" „Aber bis dahin nicht verkaufen!", rief ich scherzhaft und ging, um in der Zwischenzeit noch einen Kaffee zu trinken. Schnell rechnete ich nochmals durch, was ich bereit wäre zu bezahlen.

Pünktlich 16.30 Uhr schellte ich an der Tür. Der Hausherr öffnete. Offenbar hatte ihn seine Gattin schon mit meinem Anliegen vertraut gemacht, denn er empfing mich mit den Worten: „So, Sie wollen also mein Auto kaufen! Was wollen Sie denn dafür ausgeben?" „Ich hätte es aber vorher gern einmal gesehen", merkte ich vorsichtig an. Entgegen aller heute gebräuchlichen Spielregeln des Verkaufens war in diesem Augenblick der *Verkäufer* „König". „Oh - Entschuldigung! Ich dachte meine Frau hat Ihnen das gute Stück schon vorgeführt." Wir gingen zur Garage und ich sah im trüben Licht einer Wandlampe einen graublauen Trabant 500. Da stand er also. Sofort erkannte ich, dass es sich um eines der ersten Modelle handeln musste, denn die Scheibenwischer schlugen von links nach rechts. Auch die Scharniere der Motorhaube waren aus Aluminium und unlackiert. (Später änderte man diese Details.) Das war die absolut erste Generation unter den damals neu entwickelten Trabantfahrzeugen. Dieses hatte demzufolge auch schon 12 Jahre auf dem Buckel. „Baujahr 58" sagte ich. „Gefällt er Ihnen? Die paar Schäden am Lack sind ja nur äußerlich" schränkte der Besitzer ein. „Wenn Sie aber nicht wollen ... Morgen kommt ja erst die Anzeige in die Zeitung." Langsam, langsam! „Wissen Sie," antwortete ich „auf den Lack lege ich keinen besonderen Wert. Das Fahrzeug würde ohnehin neu lackiert. Unter den Wagen hätte ich gern einmal geschaut." „Kein Problem!" entgegnete er schon etwas mürrisch. Der Trabant wurde aus der Garage geschoben. Schnell rüttelte ich an den Vorderrädern, um die Radlager flüchtig zu überprüfen. Die Antriebe schienen auch in Ordnung zu sein. Ein Blick unter das Auto brachte keine gröberen Mängel zum Vorschein. Die „Klangprobe" des Motors – OK!

Meine Frage, welche Preisvorstellung er wohl habe, konnte ich mir schenken. Ein breites Grinsen ging über das Gesicht meines Autoverkäufers. Schweigen! Mir war alles klar. Jetzt war ich wohl dran. Es musste ein großzügiges Gebot werden, wenn ich nicht Gefahr laufen wollte, dass er mir sagte: „Sie hören von uns." Was im Klartext damals soviel hieß: Du bekommst den Wagen nicht. Ich warte ein höheres Gebot ab.

Mein Gebot überzeugte offenbar. Die Erledigung der Formalitäten dauerte nur Minuten. Gemeinsam gingen wir noch zur Sparkasse, um auch den finanziellen Teil abzuwickeln.

Und um 17.30 Uhr fuhr ich als stolzer Besitzer eines neuen „Gebrauchten" in Richtung Heimat.

Ein klein wenig wurde mir die Freude dadurch verdorben, dass ich nun alles meiner Frau beibringen musste. Vorsichtig fuhr ich in weitem Bogen unsere Wohnung an. Wahrscheinlich wäre es besser, wenn ich das Auto nicht direkt in Sichtweite parken würde, dachte ich und fuhr eine Straße weiter.

Meine Frau empfing mich mit den Worten: „Du kommst aber heute spät." „Ja, ich hatte wieder Ärger mit dem sch.... Moped", entgegnete ich. „Nass geworden bin ich auch schon wieder. Es macht überhaupt keinen Spaß." Weiter sagte ich nichts. Sie auch nicht. Später beim Abendbrot dann aber, setzte meine Frau das begonnene Gespräch zum Thema Moped fort: „Ich hab mir so überlegt, ob es nicht vielleicht besser wäre, wenn du dich mal nach einem gebrauchten Auto umschautest. Es würde ja auch schon ein alter 500-ter Trabant reichen." Jetzt schlug meine Stunde. „Ich habe mich ja bemüht ..." „Ich weiß ja, das es nicht einfach ist. Aber wenn wir es immer wieder versuchen", unterbrach mich meine Frau. „Nein, ich hab mich ja bemüht", nahm ich nochmals Anlauf „und habe einen Trabant gekauft".

„Guter Witz", lachte sie. „Wo steht er denn?, frotzelte sie weiter. „Na, auf der Straße. Komm mit, ich zeige ihn Dir". Als ich mich dann anschickte in eine andere Straße zu marschieren, sagte meine Frau lächelnd: „Schön, wir wollen noch eine Runde spazieren gehen." Ich wollte keinen Abendspaziergang machen. Als ich dann auf den Trabant zuging und mit dem Autoschlüssel am Türschloss „herumfuchtelte" verschwand ihr Lächeln. „Mach keine dummen Späße an fremden Autos. Der Besitzer wird sich nicht darüber freuen."

Ich war der Besitzer und ich freute mich. Diesen Tatbestand konnte sie aber erst realisieren, als ich sie wirklich zu einer Probefahrt eingeladen habe. „Du wolltest es ja so haben" bemerkte ich grinsend, aber auch erleichtert, dass wahrscheinlich alles ausgestanden war.

Der Trabant 500 – P 50

Die jüngeren Leser werden diesen - nun schon Oldtimer – nicht mehr aus eigener Anschauung kennen. Die technisch interessierten aus dem anderen Teil Deutschlands hatten sicher nie Gelegenheit, den ersten Kleinwagen aus DDR-Produktion kennen zu lernen. Der Bestand an diesen Fahrzeugen ist im Gegensatz zum Nachfolgermodell „Trabant 601" sehr gering.

Das Fahrzeug wurde am 07.11.1957 im *VEB Automobilwerk Zwickau*, dem späteren *VEB Sachsenring Zwickau*, zum ersten mal in Serie gebaut.

Ein Auszug aus dem Verkaufsprospekt 1958, damit Sie sehen, was Ihnen da entgangen (oder auch erspart geblieben) ist. Den echten „Kennern der Materie" wird ein Schmunzeln im Gesicht stehen, wenn sie, vielleicht auch an ihre Kraftfahreranfänge erinnert werden.

Originaltext Automobilwerk AWZ Zwickau:*„ Der Kauf eines Autos will gut überlegt sein. Die Vorzüge des Trabant jedoch erleichtern Ihnen die Entscheidung. "*

Vor allen Dingen, wenn die Auswahl an Fahrzeugen so groß ist wie damals in der DDR. Weiter schreibt AWZ:

„*Im Bewußtsein völliger Sicherheit*

*Fahren Sie den „Trabant", sobald Sie sich von seiner ausgezeichneten **Straßenlage** und Bergfreudigkeit sowie seinem guten Beschleunigungsvermögen überzeugt haben.*

Die Querblattfedern mit Sicherheitsfanganlage und die doppelt wirkende Teleskopstoßdämpfer garantieren die vortreffliche Bodenhaftung der einzeln aufgehängten Räder bei allen Straßenverhältnissen. Durch das wirksame Zugmoment des Vorderradantriebs lenken Sie den Wagen präzis auch durch schärfste Kurven. Auf die weich und griffig wirkende hydraulische Vierradbremse können Sie sich in jeder Verkehrssituation verlassen.

Schnittige Form und ausgewogene Proportionen
sind zwei entscheidende Merkmale der meisterhaften „Trabant"- Konstruktion. Seine Linienführung und die im Verhältnis zu den Außenmaßen überraschende Größe des Innenraumes, in dem vier Personen bequem Platz finden können, halten durchaus dem Vergleich mit einzelnen Wagen der Mittelklasse stand. Ihre Fahrgäste werden das begeistert feststellen.

Das hohe Maß an Fahrkomfort
wird Ihre besondere Zustimmung finden. Jeder Bedienungsvorgang ist bei diesem Wagen so einfach wie nur möglich. Die vier Gänge und der Rückwärtsgang der praktischen, direkt am Lenkrad liegenden Stockschaltung lassen sich spielend leicht schalten. Die hängende Anordnung von Kupplungs- und Bremspedal gewährleistet ebenfalls mühelose Bedienung und gute Fußfreiheit. Der ein- und ausrückbare Freilauf ermöglicht eine angenehme, den Motor schonende und Kraftstoff sparende Fahrweise. Der „Trabant" verfügt außerdem über viele weitere Vorteile. ...."

Von wegen: Die „Trabant"- Fahrer sind die Härtesten! Nur dumme Sprüche!

Weiter geht es im Text:

„Ein neuer Stern der Automobilwelt

„Hier ist das Auto für mich!" sagen Sie, wenn Sie zum ersten Mal am Lenkrad dieses erstklassigen Wagens sitzen. Je länger Sie ihn dann fahren, desto stärker bestätigt sich Ihr erster Eindruck. Immer wieder werden Sie feststellen: Auf den leistungsfähigen „Trabant" kann man sich in jeder Situation verlassen. So

verschafft Ihnen das Fahren Entspannung und erhöhte Lebensfreude. Sie werden auf Ihren Wagen stolz sein. "
Ja, stolz war ich erst einmal, wieder ein Auto zu besitzen. Ob sich das allerdings alles so bewahrheitet wie es im Prospekt steht, wird abzuwarten sein. So viel Entspannung hat man mit einem unsynchronisierten Getriebe eigentlich nicht. Hier eine kleine Erklärung für die Fahrer unserer heutigen Fahrzeuge, die teilweise mit einer Automatikschaltung unterwegs sind, wie das 500ter Trabant fahren in der Praxis aussah.

Man musste also bei jedem Schaltvorgang in einen kleineren Gang Zwischengas geben

Beispiel für den Handlungsablauf:

- Fuß vom Gas nehmen ggf. bremsen
- Auskuppeln
- In den Leerlauf schalten
- Einkuppeln und gefühlvoll Gaspedal betätigen und abwarten bis die Drehzahlen angepasst waren
- Auskuppeln
- Auf den kleineren Gang schalten
- Einkuppeln

Ist doch ganz einfach, oder? Und vor allen Dingen entspannend, die Lebensfreude erhöhend.

Ähnlich lief es dann auch beim Hochschalten ab. Da sollte man Zwischenkuppeln. Ich gewöhnte mich aber schnell an diese Prozedur. Es ging mir so in Fleisch und Blut über, dass ich später, als ich Fahrzeuge mit synchronisiertem Getriebe fuhr, noch lange so geschaltet habe. Glücklicherweise gilt diese Beschreibung nur für die ersten Fahrzeuge, die mit einem 18PS starken Motor bestückt waren. Die zweite Serie bekam einen 20PS – Motor und ein synchronisiertes Getriebe. Bei allen Typen blieb aber, das man sie von Sommer- auf Winterbetrieb umstellen musste. Das heißt, ein kurzfristiges Heizen des Innenraumes während der Übergangszeit gab es nicht. Hierzu bedurfte es eines kleineren Umbaues der Lüftungsrohre im Motorraum. Der Ventilatorstrom des luftgekühlten Zweitakters musste zum Heizen über den Vorschalldämpfer des Auspuffs geleitet werden. Danach schloss man ein bewegliches Rohr über einen Stutzen an den Innen- raum an. Die Abluft des Motors sorgte so für die Wärme im Winter. Es wurde auch leidlich warm. Zu- mindest wenn der Motor lief. Auch *das* trug optimal zum Gefühl der Entspannung und Lebensfreude bei – keine Frage!

Mein „entspannendes Gefährt" wurde, bevor es so richtig zur Lebensfreude beitrug, erst einmal einer Verschönerungskur unterzogen. Die alten Stoßstangen, die eigentlich die Form von „Stoßecken" besaßen, tauschte ich gegen die moderneren Stoßstangen des Typs 601 aus. Umfangreiche Anpassungsarbeiten wa- ren dabei notwendig. Sie mussten in aufwendiger Handarbeit der Karosserieform angepasst werden. Die Vorbereitung des Fahrzeuges für eine Neulackierung nahm ich ebenfalls selbst vor. Dann bekam der „Trabi" seine neue Farbe.
„Steinweiß" wurde er gespritzt. Das Dach mit einem „Neonrot" leuchtete schon von weitem. Unverkennbar auf jedem Parkplatz. An den Seiten hatte ich im unte- ren Teil, von Radkasten zu Radkasten zwei schmale und einen breiten Streifen aufgeklebt. Die waren genau in der Farbe des Daches. Das Material dafür bekam ich im „Intershop" zu kaufen. „Intershops" waren Läden,

in denen man für „Westgeld" Waren kaufen konnte. Mein Großvater, der als Rentner in den „Westen" fahren durfte und einige harte D-Mark besaß, trat auch hier wieder als Sponsor in Erscheinung.

Nach diesen Schönheitsoperationen schickte ich mich an, auch die Reifen zu wechseln. Zu dieser Zeit war die Situation im Reifenhandel noch recht günstig; was sich später grundlegend ändern sollte. Ich fuhr also in 's nächstgelegene Autohaus und trug mein Anliegen vor. „Wollen sie Diagonalreifen 5,20 x13 oder Radialreifen" fragte der Verkäufer. Ich kannte bisher nur Diagonalreifen. Vielleicht sollte ich es mal mit den mir unbekannten Radialreifen versuchen? „Was es alles so gibt", antwortete ich dem Verkäufer. „Vier Radialreifen, bitte!" „Normale, Gürtel- oder Stahlgürtelreifen mit Michelinprofil", schallte es mir entgegen. Wenn schon, denn schon, dachte ich und bestellte „Stahlgürtelreifen mit Michelinprofil".

Nach der Montage bemerkte ich erst, was ich da eigentlich gekauft hatte. Fahren wie auf Schienen, war mein erster Eindruck. Ich war begeistert!

Weshalb ich das erwähne, fragen Sie sich jetzt? Ganz einfach! Die Versorgungslage mit Reifen sollte sich später fast schon katastrophal verändern.

Eine Episode mit zeitlichem Vorgriff auf ein späteres meiner Autos soll das verdeutlichen.

Dezember 1988. Ich kam in eine Polizeikontrolle. Ergebnis: es gab den üblichen Mängelschein

„Bürger, Ihre Vorderreifen haben zu wenig Profil. Besorgen Sie sich umgehend neue!" erläuterte der Polizist seine Maßnahme. Die allgegenwärtige Frage - woher nehmen und nicht stehlen? – drängte sich brutal auf. In den Geschäften wurden zu dieser Zeit keine Reifen mehr gehandelt. Der Weg ging jetzt nur noch

über den „Reifenhandel". Das waren meist Service-werkstätten, die sich auch der Beschaffung von Neureifen annahmen. Eine Nachfrage dort ergab, dass ich in absehbarer Zeit nicht mit der Lieferung von Reifen rechnen konnte. Ja, wann denn? Was nicht absehbar war, konnte mir auch keiner sagen. Auskunft aber erhielt ich vom Meister über den weiteren Werdegang.
„Sie besorgen sich eine Postkarte, frankieren diese und schreiben Ihre eigene Anschrift drauf. Dann geben Sie die hier ab. Wenn Sie dran sind, schicken wir Ihnen die Karte mit dem Termin zu." Ich schrieb also auf besagte Karte: „2 x 5.20 x 13" und das Bestelldatum „12.12.88". Ganz schön frech. Jetzt muss man schon seine eigene Bestellkarte ausfüllen und das Porto bezahlen. Wollen denn die Brüder überhaupt nichts mehr tun?, fragte ich mich.
Aber Sie wissen ja schon: Angebot und Nachfrage ... !
Da half nichts. Ich musste mich den Geschäftsgebaren unterordnen, wenn ich jemals Reifen sehen wollte.
Leider habe ich sie NIE gesehen. Ich hatte zwar eine Nachfrage, leider aber kein passendes Angebot dazu – wenn Sie wissen, was ich meine.
Der Liefertermin war dann weit nach der „Wende". Am 22. Mai 1990 bekam ich Post. Auf der Karte stand: „Termin 25.5. 90".
 - Achtzehn Monate Wartezeit – ungeheuerlich!
Da gab es bereits genügend Reifen im Handel. Man hat sie uns förmlich „nachgeworfen". Pneus jedes Fabrikates, jeder Größe, jedes Profils waren zu haben. Welch ein Überfluss. Nun sollte der Reifenhändler sehen, wie er seine Ware an den Mann bringt. Die größte Frechheit: mir wurde noch ein Termin ab 6.30 Uhr genannt.

Original der am 12.12..88 abgegebenen Reifenbestellkarte. Auslieferung am 25.5.90

Zurück zur Polizeikontrolle. Was war zu tun? Der Tatbestand blieb! Ich hatte einen Mängelschein für meine Vorderreifen und der Reifenservice konnte oder wollte mir nicht helfen.

Helfen konnte aber wieder einmal das Gespräch! Im Kreise der Kollegen „klagte ich mein Leid".

Eine Kollegin wusste Rat. Sie kenne Jemanden, der kurzfristig Reifen für den Trabant besorgen könne. Natürlich müsse dabei etwas „rüberwachsen". Nicht für meine Arbeitskollegin, wir trugen schließlich den Titel „Kollektiv der sozialistischen Arbeit", aber für den Beschaffer, der natürlich – auch zu meinem Pech - nicht diesen hehren Titel trug. Neureifen waren eigentlich preisgünstig. Neunundfünfzig Mark haben sie im Handel gekostet. Ich bot pro Reifen 120 Mark. Sie ahnen es. Am darauf folgenden Tag war ich Besitzer zweier neuer Trabantreifen. Woher auch immer sie kamen. Im ersten Staat der Arbeiter und Bauern war eben *Alles* zu haben!

Doch zurück zu meinem weiß-roten 500er Trabi. Obwohl der kleine 2-takt Motor nur 18 PS auf die Straße brachte, fuhr man immerhin eine Spitzengeschwindigkeit von ca. 105km/h. Vorausgesetzt, die Zündung war richtig eingestellt. Das Einstellen des optimalen Zündzeitpunktes machte man in der Regel selbst. So, wie man als eingefleischter Trabi-Fahrer fast alle Reparaturen in Eigenleistung realisieren konnte. Auch das kam nicht von ungefähr. Die Termine in einer Werkstatt waren mehr als rar. Und wer fahren wollte, sollte sich etwas einfallen lassen. Immer klappte das natürlich nicht mit der Eigenreparatur. Folgende Episode soll das unter Beweis stellen: Nachdem wir mit dem kleinen Gefährt eine ausgedehnte Urlaubsreise in die Hohe Tatra unternommen hatten, mit „Kind und Kegel" reichlich Gepäck ca. 2000 Kilometer fast am Stück zurück legten, war doch offenbar dem „Motörchen" etwas zuviel zugemutet worden.

Auf einer Autobahnfahrt surrte es in seinem unverkennbaren luftgekühlten Zweitakter-Sound vor sich hin. Plötzlich drang ein hartes, metallisches Geräusch an mein Ohr. Instinktiv trat ich die Kupplung. Langsam rollte ich auf die Pannenspur. Erste Diagnose: Schaden an der Kurbelwelle. Hier ging also nichts weiter. Während ich noch nachdachte, welche Möglichkeit nun die günstigste wäre, das Auto von der Straße zu bekommen, hielt ein Bekannter an, der unser auffallend neonrot lackiertes Dach erkannte und Hilfe anbot. „Gott sei Dank!" dachte ich. Das erste Problem ist geklärt. Schnell war der Trabi angehängt. Frau und Kinder nahmen im Zugfahrzeug Platz und los ging die Reise. Nun blieb nur noch eine Werkstatt zu finden, die diese Reparatur vornehmen konnte. Fehlanzeige! Nächste Möglichkeit: einen „Schrauber" finden, der zum einen eine passende Kurbelwelle auftreiben konnte und dann noch den guten Willen hatte, diese einzubauen. Ich gebe zu, dass es sicherlich größere Probleme gab als einen privaten Autoschlosser zu finden, denn wer das Können und die Gelegenheit hatte, in seiner Freizeit ein paar Mark zu machen, schraubte teilweise mehr als in seinem eigentlichen Arbeitsverhältnis. Ich wurde fündig! „Mein Chef hat solche Wellen. Da bekomme ich sicher eine davon", war für mich schon eine beruhigende Aussage des jungen Meisters seiner Zunft. Um es kurz zu machen: Die Reparatur wurde vorgenommen. Material und Arbeit fürstlich honoriert. Ganze 46 Kilometer hielt die neue Kurbelwelle. Dann lief sie fest. Also erneute

Reparatur. Das war kein Problem, denn der Ersatzteillieferant zeigte sich kulant und spendierte auf Garantie eine neue Welle. Schnell eingebaut, konnte sich nun die Vorfreude auf die anstehende Urlaubsfahrt so richtig einstellen.

Große Strecken fahre ich nicht

Urlaub im Harz und dann noch in einem herrlichen Ferienhaus. Vierzehn Tage Ruhe von allem Stress – Herz was willst du mehr? Ja, mit der Ruhe vom Stress sollte es anders kommen. Wir luden also alles ein, was wir so die zwei Wochen brauchen konnten, einschließlich der Lebensmittel die unverderblich waren. Es war für vier Personen eine ganze Menge zu verstauen. Glücklicherweise hatte der 500er einen großen Kofferraum und wenn man nicht alles in Koffer oder andere Behältnisse verstaute, sondern vieles „lose" in den Kofferraum legte, hatte man noch Platz für das Spielzeug der Kinder. Unglaublich, was da so reinpasst! Das habe ich aber leider erst später so richtig begriffen.
Los ging die Fahrt. Die Stimmung war prächtig- eben Urlaub!
Bei mir schlug diese Begeisterung aber schon nach ein paar Kilometern des Weges in eine Vorahnung um. War da nicht ein ungewöhnliches Geräusch? Ach, du wirst dich täuschen, sagte ich mir. Doch, da ist was!
Jetzt nur nicht die Familie verrückt machen, schoss es mir durch den Kopf. Wir werden schon die knappen 250 Kilometer schaffen. Ich hatte meinen Vorsatz gerade gefasst. Lautes Klirren, Kupplung treten, ausrollen auf der Standspur und den Rest können Sie sich sicherlich denken. Ja – und genau so war es auch.

Der Weg zur Notrufsäule war glücklicherweise nur kurz. Die Wartezeit auf den Abschleppwagen um so länger. Ein freundlicher Fahrer nahm unseren Havaristen huckepack und schleppte uns nach Weisenfels in eine Vertragswerkstatt. Den Kindern machte es Spaß, denn wann sitzt man schon mal im Führerhaus eines großen Abschleppautos?

„Nun, Sie haben Glück, wir haben noch eine Kurbelwelle da, die wir Ihnen in drei Tagen einbauen können. Leider haben wir keine früheren Termine." So begrüßte uns der Werkstattmeister, nachdem er sich ein Bild vom Schaden gemacht hatte. Ich wies darauf hin, dass die Kurbelwelle erst neu ist und fragte nach den Garantiemodalitäten. „Kein Problem, wir tauschen das Teil aus und geben Ihnen die defekte Welle mit.. Mit der gehen Sie dann in Ihre Werkstatt und bekommen Ihr Geld zurück." Ganz einfach, dachte ich. „Der Kofferraum muss aber leer gemacht werden, da wir keine Haftung übernehmen." Das waren seine letzten Worte bevor er den Ort der Handlung verließ. Jetzt dachte ich über den ach so großen Kofferraum nach. Quasi unser gesamter Hausrat lag jetzt ungeordnet auf dem Hof der Werkstatt. Nur die Kinder fanden es schön. Ich beriet mich mit meiner Frau. Wie kann das nun weitergehen? Das Ergebnis unserer Überlegungen war, ein Taxi muss uns nun die verbleibenden 150 Kilometer befördern – koste es auch was es wolle. Freundlicherweise stellte uns die Werkstatt ihr Telefon zur Verfügung, um unser Glück bei der Suche nach einem Taxi des VEB Kraftverkehr Weisenfels zu versuchen. Handy war leider noch nicht in Mode. Ich beruhigte meine Frau mit der Überlegung, dass das sicherlich schnell gehen werde bis wir ein Taxi haben. Ich ging davon aus, dass es ja eine große Strecke zu fahren gilt und sich kein Fahrer das gute Geschäft entgehen lässt.

Erster Anruf: „Ich benötige ein Taxi." „Aber gern, wo soll es denn hingehen?" „Nach Meisdorf im Harz." „Ach, das tut mit leid, aber ich habe in zwei Stunden Feierabend." „Schade!"

Zweiter Anruf: „Ich benötige ein Taxi." „Aber gern, wo soll es denn hingehen?" „Nach Meisdorf im Harz." „Ach das tut mir leid, mir fällt gerade ein, dass ich noch jemanden abholen muss." „Schade!"

Die nächsten Anrufe verliefen ähnlich. Nur im fünften Versuch geriet ich wohl an einen einsichtigen Familienvater, der, nachdem ich ihm schilderte, dass ich mit zwei Kindern auf dem Hof einer Werkstatt sitze und die Kinder nun schon langsam ungeduldig werden, mir sagte: „Ich komme mal unverbindlich vorbei." Es scheint ein Bild des Grauens gewesen zu sein, was er da auf dem Hofe vorfand. Sein Herz war erweicht und wir beluden das Taxi vom Typ „Wolga". So komfortabel war ich noch nie in den Urlaub gefahren. Während der langen Fahrt kamen wir in das Gespräch und ich ließ mir erklären, weshalb keiner die doch recht lukrative Strecke fahren wollte. Dabei bin ich natürlich darüber aufgeklärt worden, dass das Fahren weiter Strecken für den DDR-Taxifahrer nicht lohnend war, sondern eher das Stehen sich rentiert. Ich verstand nun überhaupt nichts mehr. Und man weihte mich in die Philosophie der DDR Planwirtschaft ein. Das klang dann wie folgt: Wenn der Fahrer weite Strecken fährt braucht er auch lange Zeit – kommt unter Umständen nicht pünktlich zum Dienstschluss nach hause und die Überstunden lohnen sich bei dem geringen Stundenlohn nicht. Er bekommt aber eine gute Reifenprämie, wenn die in der DDR knappen Reifen länger halten als vorausgeplant. Da nun die Reifenprämie höher war als die paar Überstunden an Verdienst gebracht hätten, galt die Devise: Stehen ist besser als Fahren. Eigentlich logisch, aber sehr ärgerlich für Taxinutzer. Ein beredtes Beispiel dafür, dass eben auch in der sozialistischen Planwirtschaft Gemeinnutz vor Eigennutz geht. Nur so konnte man den Volkseigenen Kraftverkehrsbetrieben den Einsatz teurer Reifen ersparen oder zumindest den Einsatz von Taxen ökonomischer gestalten.

Ohnehin war es ja ein fast dekadenter Wunsch, individuell befördert zu werden.

Es war dann noch ein schöner und entspannter Urlaub. Die „neue" Kurbelwelle hielt. Mein Geld bekam ich nicht zurück. Bekam aber eine Ersatzkurbelwelle, die ich viele Kilometer im Kofferraum mitgeführt habe – für alle Fälle!

Wohin fahren wir denn jetzt mal, Kinder?

Als ich am 29.03.1977 das Auto an einen Häuslebauer als Bautransportfahrzeug verkaufte, lag sie immer noch im Kofferraum – für alle Fälle!

Die Typreihe P 601 – Die Preise bleiben stabil

Der erste Trabi 601, den ich am 04.04.1977 erwarb, war kein Neufahrzeug sondern ein, von einem Autoschlosser privat aufgebautes Fahrzeug. Hier wurden meist ältere Fahrzeugbriefe genutzt, um auf deren Grundlage ein dem technischen Stand entsprechendes Fahrzeug zu bauen. Im Grunde genommen wurden aus Ersatzteilen „neue" Autos produziert. Kein Wunder also, dass diese Teile in den Werkstätten recht rar waren. Dazu kam, dass jeder bestimmte Ersatzteile kaufte, wenn er sie zufällig erwischen konnte. Egal ob man die nun gerade brauchte oder nicht. So für alle Fälle! Man konnte ja gegebenenfalls auch mal mit anderen Autofreunden tauschen. Nur wer nichts hatte war schlecht dran. Eben so wurde der Trabant 601 mit dem amtlichen Kennzeichen ND 01-95 „geboren". Er war schneeweiß und hatte ein hellblaues Dach. Der Kauf ging sehr problemlos vonstatten. Vorausgesetzt, man war sich darüber im klaren, dass ein solches aufgebautes Fahrzeug ja wesentlich wertvoller als ein Neuwagen ist. Was sich letztlich auch im Kaufpreis niederschlagen muss. Höllisch musste man natürlich bei solchen „Geschäften" aufpassen. Ein vorangegangener Versuch eines Kaufes scheiterte daran, dass die Fahrgestellnummer des Fahrzeuges nicht mit der des KfZ-Fahrzeugbriefes übereinstimmte. Hier hatte der „Erbauer" - wohl recht mutig - nicht aufgepasst und ich habe es erst später bemerkt. Glücklicherweise gab es keine Schwierigkeiten bei der Rückabwicklung des Geschäftes. Ich hatte mein Geld wieder und der „Schrauber" sein Auto. Solche Art Geschäft war mir doch zu heikel.

Der 601er war wirklich ein robustes und zuverlässiges Auto. Es hatte zwar wenig Komfort, war aber im Unterhalt billig und man konnte noch selber Hand anlegen. Günstig für jedes Budget. Jedes Jahr kamen auch werkseitig ein paar kleine Neuerungen hinzu. Mal eine Armaturenbrettablage, mal ein verlängerter Benzinhahn, dass man sich nicht verdrehen musste beim Start der Maschine. „Benzinhahn?", wird jetzt mancher erstaunt fragen. Ja, der Trabi hatte einen Fallstromvergaser. Und wenn man sicher sein wollte, das der nicht über Nacht „ersäuft", musste man den schon schließen. Verändertes Lenkrad, Kopfstützen, Rollgurte und Ähnliches wurden Jahr für Jahr hinzugepackt. Das schlug sich natürlich im Preis für einen Neuwagen deutlich nieder. Da es ja aber in der DDR keine Preiserhöhungen gab, lief das unter der Bezeichnung Sonderwunsch.

In den Verkaufspapieren eines Neuerwerbs, den ich am 10.11.1981 in Empfang nehmen konnte, liest sich das so:

Grundpreis	8 050,00 M
Mehrpreise für	
Autobahndreibock	28,00 M
Zweikreisbremsanlage	130,00 M
Abgasanlage aluminiert	120,00 M
Teleskopstoßdämpfer extra	94,00 M
Profilierte Stoßstange	35,00 M
Finishpaket I	300,00 M
-Sitze, Innenverkleidung und Hutablage Kunstleder	
- Kofferraumauskleidung und Reserveradhülle	80,00 M
Sonderfarbton	70,00 M
Batterie 84 Ah	10,00 M
Kraftstoffhahn-Fernbedienung	25,00 M
Weiterentwickelte Türschlösser	20,00 M
Automatiksicherheitsgurt	510,00 M
Kaufpreis	9 472,00 M

Der Sonderfarbton war in diesem Falle „Schilfgrün"

Bei einer am 21.3.1985 (aus einer Anmeldung meines bereits 1978 verstorbenen Vaters) erworbenen monsungelben Limousine war das schon wieder anders. Ich will nicht mit Einzelheiten langweilen. Nur so viel:

Grundpreis	8 050,00 M
durch	
„Gebrauchswerterhöhung"	3 002,00 M
(so liest sich das in der Rechnung)	
Kaufpreis	11 052,00 M

Man merke auf: der Grundpreis beträgt in jedem Falle
8 050,00 M
Was in diesem Zusammenhang noch erwähnt werden
muss, ist der Umstand, dass man leider nicht das Paket
der Sonderausführung bestimmen, beeinflussen oder
gar ablehnen konnte.
Die Preise bleiben stabil!

Autokauf – ein Erlebnis!

Einen Autokauf im VEB IFA-Vertrieb muss sich der
geneigte Leser in etwa so vorstellen:
Am Tag vor Auslieferung des Fahrzeuges wurde man
unverhofft per Telegramm informiert, dass das
Fahrzeug am nächsten Tag um eine bestimmte Zeit
abzuholen ist. Es war eine Überraschung, welche
Farbe und Ausstattungsvariante für den Käufer
bereitstand.
Bedingung war allerdings eine Barzahlung. Günstig
war es also, wenn man in dem Jahr, in dem man mit
dem Fahrzeug rechnete, auch das Geld schon in bar im
Hause hatte. Einen Kredit für ein Auto gab es nicht.
Ich gebe aber zu, dass man das bereitgestellte
Fahrzeug nicht unbedingt nehmen musste, sondern
zurücktreten und auf ein Fahrzeug warten konnte, das
dem entsprach, welches man bei seiner Anmeldung
bestellt hatte. Wer macht das aber schon, wenn er
dann, nach ca. 12 Jahren Wartezeit noch einmal ein bis
zwei Jahre hätte warten müssen, bis zufällig ein
solches Fahrzeug zur Verfügung stünde. Da war dann
doch die Farbe gleichgültig und man kaufte. Meist
waren ja die Farb- und Ausstattungswünsche der
Anmeldung schon gar nicht mehr zu haben. Wie auch
nach 12 Jahren?

TELEGRAMM

Aufgenommen: Tag: 9/11 Monat: Jahr: 81 Zeit: 15.35
von: Goa durch:
Amt

DEUTSCHE POST

Übermittelt: Tag: Zeit: am: durch:
587091 15.10

Telegramm aus

Hans-Jürgen Rader
Station 15

Goa

Tokolung Trabant am 10.11 10.00 Uhr

Nikolaus Fea

Für dienstliche Rückfragen

vd Spremberg
Ag 310 80 2997 20 000 Block IV-13-7 4389/80

Hinweis: Ein mit dem Zusatz TV oder ILX gekennzeichneter Aufgabeort muß nicht Wohn- oder Aufenthaltsort des Absenders sein.

8 330 42

Telegramm vom 09.11.81 – 15.10 Uhr
Abholung am 10.11.81 um 10.00 Uhr

80

Eine Besonderheit stellte natürlich auch der Verkauf eines gebrauchten Fahrzeuges dar. Grundsätzlich galt, ein Gebrauchtwagen ist „wertvoller" als ein Neufahrzeug. Hier regierte, mitten in der sozialistischen Planwirtschaft, das Gesetz des kapitalistischen Marktes. Angebot und Nachfrage bestimmten den Preis. Das Angebot hieß 12 Jahre warten auf einen „Trabant". Bei größeren Autos der Typen „Wartburg", „Skoda" oder „Lada" gab es Wartezeiten bis zu 15 Jahren. Ganz pfiffige Zeitgenossen, die also immer wieder einen gebrauchten Trabant preiswert „aufreißen" konnten, fuhren den nicht lange, nutzten den Wertzuwachs und schafften es meistens durch den Verkauf soviel Geld zu „verdienen", dass es für ein größeres Auto am Ende der Wartezeit reichte. Verrückt – oder? Deshalb wurden auch gebrauchte Autos nur per Annonce und Chiffre-Nr. angeboten. Man wollte sich ja seinen Käufer oder besser sein Gebot in Ruhe aussuchen. Ich bekam einmal auf solch eine Anzeige über fünfzig Angebote. Gekauft wurde dann so wie geboten. Ein Herumschleichen um den „Gebrauchten", wie es heute so üblich ist, und ein Handeln und Feilschen um jeden Euro gab es damals nicht. Man war auch sicher, das der Kunde nicht einfach unverrichteter Dinge wieder ging. Einmal in der Zeitung inseriert war so gut wie verkauft.

Zu Sonderfällen wurden allerdings die so genannten „GENEX-Autos". Das war auch eine Erfindung der cleveren Wirtschaftsstrategen der DDR. Wie funktionierte das? Ein DDR-Bürger konnte natürlich sofort und ohne Wartezeit ein Auto bekommen. Die unabdingbare Forderung dabei war nur, dass er einen Verwandten im Westen haben musste. Aber nicht allein das zählte – da hätte es bestimmt viele „GENEX-Fahrer" gegeben. Nein, diese Verwandtschaft sollte auch willens und bereit sein, das Auto in „harter" Währung – sprich D-Mark oder Dollar an das Außenhandelsministerium der DDR zu bezahlen. Auf diese Art und Weise haben z. B. viele DDR-Bürger, die in der Bundesrepublik ein kleines Erbe ihr Eigen nannten, das aber nicht antreten konnten, ihre Barschaft in Form eines Autos oder anderer „hochwertiger Konsumgüter" (wie es im Sprachgebrauch der DDR hieß) letztendlich doch noch genießen können. Um einen schwunghaften Handel auszuschließen, hatte solch ein Auto aber eine Sperrfrist für den Weiterverkauf. Auch hier wusste der gelernte DDR-Bürger Rat. Die Autos wurden nicht verkauft, sondern es wurde mit dem Käufer ein Nutzungsvertrag abgeschlossen, in dem man der Eigentümer blieb und der Käufer das Fahrzeug als Halter nutzen durfte. Die Besonderheit lag hier wiederum in der ungewöhnlichen Tatsache, dass die ausgehandelte Nutzungsgebühr weit über dem Neupreis des Autos lag.

Auch ich fuhr einen solchen Trabant 601. Ich hatte ihn von meinem verstorbenen Vater geerbt, der allerdings nie der Eigentümer war. Nachdem die Sperrfrist über das Auto beendet war, habe ich es dann vom Besitzer erneut „gekauft". Die Bezahlung entfiel. Es reichte eine Unterschrift aus, um statt dessen dann meinen Namen im Fahrzeugbrief zu finden. Was für eine verrückte Zeit! Ich gebe allerdings zu: sehr kreativ musste man sein. So habe ich noch eine Anmeldung in meinen Unterlagen aufbewahrt, die auf den 26.09.1989 datiert ist und die mich als potenziellen Käufer einer „Trabant–Limousine 1.1" ausweist. Das war die

Version mit dem VW-Viertakt-Motor. Ich hätte ihn auch kurze Zeit später abholen können. Da wollte ich aber nicht mehr. Denn nun konnte ich jedes Auto sofort haben.

Viele Episoden könnte man aus dieser Zeit noch aufschreiben, die ich im Zusammenhang mit meinen Fahrzeugen erlebt habe.

Als dann nach der Wende das erste „Westauto" – es war ein Opel „Kadett" – vor der Tür stand, fingen auch wieder Geschichten an. Aber das ist eine „andere Geschichte".

Um zum Ausgangspunkt meiner Erinnerung zurückzukommen: Die Frage, wie viele Autos ein Mann im bundesrepublikanischen Durchschnitt in seinem Leben besitzt, ist statistisch mit der Zahl 10,3 angegeben.

Ich war der stolze Besitzer von 12,0 Autos. Mein Resümee ist also eine positive Bilanz. Da kann man doch als ehemaliger DDR-Bürger so richtig stolz sein!

Nachwort:

Ich hoffe, dass der Leser dieses kleinen Büchleins etwas Freude und Spaß bei der Lektüre hatte. Für manche war es sicherlich Erinnerung an eigene ähnliche Erlebnisse, für andere wiederum ein Einblick in ein Stück DDR – Geschichte.
Noch viele andere Erlebnisse wären in diesem Zusammenhang berichtenswert gewesen. Diese hätten jedoch lediglich einen amüsanten Charakter gehabt. Mein Anliegen war es aber, einige Alltagsprobleme der damaligen Zeit auf - wie ich hoffe - kurzweilige Art zu beschreiben.
Und: es sollte doch kein Buch werden!

Gestaltung und Einband
Heinz-Jürgen Bader

Zeitfracht Medien GmbH
Ferdinand-Jühlke-Straße 7
99095 Erfurt, Deutschland
produktsicherheit@kolibri360.de